Mein Leben mit dem Blues in der DDR und später

Von den *Diestelmannfeten* bis zu *Live in Reitwein, Live in Lu* und *Blues am Rand*

Ein Buch meiner Erinnerungen

Von Ingolf Bergmann

Impressum

ISBN Taschenbuch
978-3-7693-2451-8

©2024 by Ingolf Bergmann – Erstausgabe
©Ingolf Bergmann – Alle Rechte vorbehalten

email: ingolfbergmann@gmail.com

Verlag:

BoD · Books on Demand GmbH, In de Tarpen 42,

22848 Norderstedt, bod@bod.de

Druck:

Libri Plureos GmbH, Friedensallee 273,

22763 Hamburg

Covergestaltung / Umschlag: Leonard Bergmann
Cover Foto: Thomas Schönburg

Prolog

Im Jahr 2007 hatte ich beschlossen das Sammelsurium von Fotos, Dokumenten und Erinnerungen an die von mir größtenteils organisierten Bluespartys zu ordnen. Zu diesem Zweck habe ich einen Blog ins Leben gerufen, der unter dem Titel *„Blues in Glasow und Umgebung"* der Historie dieser Partys nachgespürt hat. Glasow ist eine kleine Ortschaft am Rande von Berlin. Dort fanden die ersten und zugleich die meisten der Feten unter dem Vorzeichen Blues mit verschiedenen Musikern statt. Den Anfang machte damals Stefan Diestelmann mit seiner Folk – Blues Band. Deshalb nannten wir die Feten auch *Diestelmannfeten.* Leider gab es nur drei davon. Allerdings wurden die Partys zunächst bis 2003 mit anderen Musikern, zum Teil aus unserem Bekanntenkreis, fortgesetzt. Der von mir erstellte Blog versammelte die Geschichten um diese Partys und wurde mit Fotos von Thomas Schönburg und mir illustriert. Nach meinem 60. Geburtstag, den ich zum Anlass genommen habe, eine weitere Bluesparty zu organisieren, kam ich auf den Gedanken aus dem bisherigen Material und weiteren Erinnerungen an die damalige Zeit bis ins jetzt ein Buch zu schreiben. Auch angeregt wurde dieses Vorhaben durch das Buch von Rainer Zoufal, „Du kannst nicht alles haben, was du willst" nach einem Titel von den Stones, welches er   über sein Leben verfasst hat. Zentrales Thema **meines** Buchs sollte der Blues sein, der sich durch mein Leben zog. Ich habe mir im Netz den Namen *„Bluesmanie"* zugelegt, obwohl der Name nicht ganz ernst gemeint ist. Dann habe ich in dem Buch versucht herauszufinden, wie mein Leben mit der Musik, insbesondere mit dem Blues verwoben ist. Dazu habe ich das Thema etwas weiter gefasst und gehe in weiteren Kapiteln auf Initiativen ein, die **uneigennützig** Blues und Blues – Rock Konzerte in Brandenburg ins Leben riefen und die ich oft besucht habe. Dazu gehören *„Live in Lu"* und *„Blues am Rand"* sowie *„Live in Reitwein".* Meine Hoffnung ist, dass die Thematik insbesondere bei Konzertgängern dieser Genres auf Interesse trifft.

Blues hat keine Farbe
Song von Manfred Häder aus dem Album „Exbluesiv"

Blues hat keine Farbe
Blues ist schwarz und weiß
Blues ob gelb und rosa
ganz egal, Blues ist heiß

Alexis Korner war der Erste
Weißer Blues, das war neu
so 'n starkes Feeling
das macht anders, geht tief rein
Blues Incorporated, so hieß seine Band
Alle war 'n dabei
Auch Paul Rogers und Chris Farlowe
sangen sich die Seele frei

Blues hat keine Farbe
Blues ist schwarz und weiß
Blues ob gelb und rosa
ganz egal, Blues ist heiß

Jeder wollte bei ihm spielen
alle war 'n sie gern dabei
jedem half er auf die Sprünge
Freunde wollten sie halt sein
Jack Bruce wurde der größte am Bass
Eric Clapton Superstar
doch das Alexis nie der King war
sondern der Vater, das war klar

Blues hat keine Farbe
Blues ist schwarz und weiß
Blues ob gelb und rosa
ganz egal, Blues ist heiß

Teil 1
Auch ich hab den Blues schon etwas länger

Kindheit

Es mag im Sommer 1969 gewesen sein, als ich mit meiner Mutter und meiner Schwester von einer kurzen Reise nach Thüringen im Zug zurückkehrte. Wir hatten ein kleines Kofferradio dabei und ich versuchte einen Sender mit Musik zu finden. Plötzlich erklang die näselnde Stimme von Bob Dylan mit einer seiner Balladen – es könnte *„The Times They Are A – Changing"* gewesen sein. Ich war fasziniert! Zur damaligen Zeit konnte ich mir bestimmt nicht vorstellen, dass ich in etwa zwanzig Jahren Bob Dylan im Treptower Park bei einem Konzert live erleben würde. Wir kehrten aus Thüringen zurück in unser Elternhaus nach Dahlewitz in der Bahnhofstraße. 1967 war mein Vater auch an den Spätfolgen einer Kriegsverletzung aus dem 2. Weltkrieg gestorben. Er hatte das Pech noch vor dem Krieg zur Wehrmacht eingezogen zu werden, dann in den Krieg ziehen zu müssen und erst nach der Gefangenschaft in Frankreich und fast zehn Jahren vergeudeter Lebenszeit in seinen Beruf als Bäckermeister zurückzukehren. Leider war ich zu jung, um mit ihm über seine Erfahrungen und auch über aktuelle Politik zu sprechen. Eins war mir aber klar – meine Eltern waren nicht gerade gut auf den sogenannten sozialistischen Staat zu sprechen. Das rührte u.a. auch daher, dass die Handwerker gegängelt wurden und es einige Restriktionen gab, die verhindern sollten, dass sie zu viel verdienten. Andererseits wurden die privaten Handwerker aber sehr gebraucht, um die Versorgung der Bevölkerung zu sichern.

Ein weiterer noch gewichtigerer Grund war, dass meine Mutter für fast ein halbes Jahr ins Gefängnis kam, weil sie aus West-Berlin schwer erhältliche Waren für das Bäckerei- Geschäft mitgebracht hatte und zu diesem Zweck Geld der DDR in Westmark getauscht hatte. Das nannte man dann „Devisenvergehen" (Nach der Wende wurde dieses Urteil dann, wie so viele andere kassiert und sie bekam eine Haftentschädigung. Da war sie aber bereits sehr krank und sie hatte nichts mehr von dem ohnehin geringen Betrag.)

Nun war es aber so, dass meine Mutter später als Witwe und Invalidenrentnerin mit der Situation als alleinerziehendes Elternteil etwas überfordert war und auch berechtigte Angst um ihre Kinder hatte. Diese Angst wurde durch ihre Erlebnisse rund um ihre Haft und auch durch die politische Situation des „Eingesperrt Seins" durch die Mauer hervorgerufen. Wir wuchsen mit zwei Wahrheiten auf, einer privaten und einer öffentlichen. In der Öffentlichkeit sollten wir uns mit unserer eigenen Sicht auf die Dinge zurückhalten. Die Angst meiner Mutter übertrug sich auch auf meine Schwester und mich. Ich wollte beispielsweise nicht an der Jugendweihe teilnehmen. Die Folge war, dass meine Klassenlehrerin bei meiner Mutter intervenierte, und nach einigen Diskussionen musste ich meinen Plan ad Acta legen und ich hatte das „Vergnügen" bei meiner Jugendweihe Margot Honecker die Hand drücken zu

„dürfen", weil unsere Direktorin der Dahlewitzer Schule mit ihr befreundet war und sie eingeladen hatte dieser Zeremonie beizuwohnen.

Nach der achten Klasse wechselte ich an eine Schule im Nachbarort Glasow, weil die Schule in Dahlewitz nur acht Klassenstufen hatte. Damit kam ich von der „dunkelroten" Direktorin Frau Schirm weg, die an der Dahlewitzer Schule ein strenges politisches Regiment führte mit wöchentlichen „Fahnenappellen" und öffentlichen Belobigungen für Wohlverhalten und Tadeln für das Gegenteil. Getadelt wurde z.B., wenn man mit Plastikbeuteln westlicher Provenienz in der Schule auftauchte. An der Glasower Schule hingegen ging es dann doch etwas beschaulicher zu. Wen wundert es, dass ich zum Ende der 10. Klasse die Nase gestrichen voll von Schule hatte und mich freute, die Schulbücher und Hefte zum Altpapier zu geben. Doch zunächst hatte ich noch zwei Schuljahre vor mir. Doch das alles ist eine andere Geschichte und ich habe es erwähnt, weil sich vor diesem Hintergrund jedenfalls die Herausbildung meiner musikalischen Vorlieben, insbesondere meine Hinwendung zur Blues – und Rockmusik vollzog.

Musikalische Wurzeln

Damals hörte ich manchmal noch die „Schlager der Woche". Es war die Zeit der Beatmusik und auch die Schlager, die mir vor allem gefielen, waren von der Beatmusik beeinflusst oder waren sogar Cover – Songs mit deutschen Texten. Es waren aber auch Gruppen oder Schlagersänger dabei die aus Großbritannien kamen und sich in Deutschland mit deutschen Liedern versuchten so zum Beispiel Peggy March mit „In der Carnaby Street“ oder sogar die Beatles die auch zwei Singles mit deutschen Texten aufnahmen („Sie liebt dich“ und „Komm gib mir deine Hand“) Michael Holm hatte auch einen Hit mit „Mendocino“ der im Original vom *Sir Douglas Quintett* stammte. Aber ich war auch schon auf der Suche nach alternativen Klängen und nach und nach entfernte ich mich von dem Genre des Schlagers, obwohl es auch hier gute Melodien und gute Texte gab, die auch heute noch Bestand haben. Ich hörte zu jener Zeit meistens Westradio und manche gute Musik aus dem Osten ist mir erst später aufgefallen.- Meine Schwester und ich waren oft zu den Kindergeburtstagen der Freundin meiner Mutter in Mahlow eingeladen. Ihre Freundin war Kindergärtnerin und verstand sich darauf, einen klassischen Kindergeburtstag mit Topfschlagen und Wurstschnappen zu organisieren. Später dann konnten wir uns ins Zimmer von Burkhard zurückziehen und unsere eigenen Spiele spielen. Burkhard war zwei Jahre älter als ich und hatte ein Tonbandgerät „Smaragd“ und nahm schon fleißig Beatmusik vom Radio auf. Ich erinnere mich z.B. an Titel wie *„Grosser Jack“*, *„Shotgun Wedding“* und *„Seargent Pepper's Lonely Hearts Club Band",* die ich dort wohl erstmals hörte. Der Wunsch nach einem eigenen Tonbandgerät war geboren. Während der Schulzeit in Glasow, also in der neunten und zehnten Klasse, sahen wir schon „Beatclub“ im Fernsehen und hörten im

RIAS die entsprechenden Sendungen mit Beatmusik oder auch „Eine kleine Beatmusik" auf Radio Luxemburg. Ich kann mich erinnern, dass ich neben der Beatmusik auch schon Interesse an anderen Klängen hatte. Ich denke dabei als Beispiel an den Titel *„Encyclopedia Terrae"* von Mythos, der von Pink Floyd und anderer psychedelischer Musik beeinflusst war. Ich versuchte damals den Text zu übersetzen und das war ohne die heutigen Hilfsmittel nicht gerade einfach.

In der neunten Klasse durften wir Schüler eine kleine Disco in der Dorfschule Glasow organisieren. Der Klassenraum wurde kurzerhand von den Pulten und Stühlen befreit und eine Tanzfläche entstand. Seitlich waren die Stühle aufgereiht und die Musik kam von einem Tonbandgerät. Einen DJ gab es nicht, aber Andreas D. hatte jedenfalls ein Tonbandgerät B4 aus Tschechien und das hatte er mitgebracht. Also auf besagter Disco waren schon überwiegend Beat-Klänge zu hören, nach denen die ersten oft schüchternen Tanz-Versuche unternommen wurden. Es lief z.B. „Satisfaction" von den Rolling Stones und als langsamer Titel von den Kinks „Thank you for the Days". Mit diesen Discos sollte es dann schnell vorbei sein, weil ein Schelm die Gelegenheit genutzt und die beiden Lehrer, die die Aufsicht führten, im Lehrerzimmer eingesperrt hatte. Der Schlüssel steckte schließlich von außen! Drinnen war zum einen unser Klassenlehrer Herr H. und zum anderen unsere Russisch – Lehrerin Frau K., mit der ich später noch in intensiveren Kontakt bezüglich der Musik treten sollte. Die beiden waren dann natürlich „not

amused" und daher durften wir in der verbleibenden
Schulzeit keine Disco mehr veranstalten. Auch die Klas-
senfahrt fiel ins Wasser. Musste die Strafe für alle so hart
sein? Der „Täter" wurde jedenfalls nicht bekannt.
Ich habe mir mein erstes Tonbandgerät durch Ferienar-
beit als Beifahrer bei der Bäckerei – Genossenschaft in
Mahlow verdient. Es war ein polnisches Gerät ZK 120 –
ein Lizenzbau eines Grundig- Gerätes. Nun konnte auch
ich meine Lieblingssongs aufnehmen. Auf dem Radiosender RIAS II gab es am Samstagnachmittag meine be-
vorzugte Beatmusik. Die Moderatoren waren im Bilde,
dass sie unzähligen Jugendlichen, die sonst nicht an
diese Musik kamen, eine Freude machten und spielten
die Songs meist auch aus. Einen Musikwunsch, den ich
äußerte und an eine Deckadresse in West-Berlin sandte,
fand ich viel später in meiner Stasi – Akte.

Der „Ernst des Lebens" beginnt – Berufswahl – Studium
Entwicklung meiner musikalischen Vorlieben

Für mich stand jetzt die Berufswahl an. Ich war in dieser
Hinsicht sehr unschlüssig. Da ich keine der mich inte-
ressierenden Lehrstellen für eine Berufsausbildung mit
Abitur bekam, begann ich eine Lehre als Bäcker in Berlin Schöneweide. Weil mein Vater gestorben war, wurde
die Bäckerei, die er als selbständiger Bäcker betrieben
hatte, von meiner Mutter verpachtet. Damit wäre ein
Weiterbetrieb durch mich nur schwer möglich. Deshalb
entschied ich mich, ein Studium anzustreben und fing
schon im letzten halben Jahr der Lehrzeit damit an,

mein Abitur an der Abendschule in Berlin Adlershof nachzuholen. Das war schon ein harter Job, parallel zur Bäckerlehre, bei der ich an drei Praxistagen bereits vor vier Uhr morgens aufstehen musste, noch zur Schule zu gehen. Nach Abschluss der Lehre habe ich dann bei der Post in Blankenfelde angefangen, um mehr Zeit für die Abendschule zu haben. Ich habe dort als Zusteller gearbeitet und war bereits am frühen Nachmittag mit dem Austragen der Post und der Zeitungen (damals noch zum Job der Briefträger gehörend) fertig. An drei Tagen der Woche ging es ab ca. 16 Uhr an die Abendschule mit dem Doppelstockzug zunächst nach Schönefeld und weiter mit der S – Bahn nach Berlin Adlershof. Nach fünf Schulstunden war ich erst nach 22 Uhr zu Hause. Während der Lehrzeit blieb nur wenig Zeit für mein Hobby, aber hauptsächlich an den Wochenenden war es mir möglich, weiterhin Musik zu hören und aufzunehmen.

Noch während der Lehre habe ich angefangen, den Grundstein für meine spätere Schallplattensammlung zu legen. Als erste LP erwarb ich bezeichnenderweise die Blues lastige Amiga – LP von Jimi Hendrix. Diese LP bekam ich gebraucht von einem Blankenfelder, der zur See fuhr und offenbar kein Interesse daran hatte. Da es in der DDR schwierig war an begehrte Platten zu kommen musste man gute Beziehungen zum Buchhandel haben (denn dort wurden die Schallplatten vertrieben) oder man musste gut informiert sein, wann die entsprechenden Platten in die Geschäfte kommen, um dann frühzeitig vor Ort zu sein. Nicht so war es für die Amiga

– Produktionen, die meist im ausreichenden Maße zur Verfügung standen und auch für 16,10 Mark der DDR zu haben waren. Im Laufe der Zeit sammelten sich davon auch eine Menge LPs bei mir im Plattenschrank an, denn es gab doch auch in unserem Land gute Musiker und trotz der staatlichen Restriktionen kamen auch gute Platten zustande. Übrigens war die zweite LP, die ich erwarb von den Puhdys, die damals noch einen Touch von Deep Purple hatten. Später waren die Puhdys für viele ein „No Go", denn sie waren die Vorzeige Band der DDR und sie konnten auch problemlos im Westen auftreten. Zusätzlich verlegte ich mich dann mehr und mehr auf das Überspielen von LPs von Bekannten, die schon im Besitz des begehrten Gutes waren. So kann ich mich erinnern, dass ich von einem Kollegen eine Original – LP von Santana mit den damaligen Hits (Oye Como Va, Jingo usw.) zu diesem Zweck bekam. Also nach und nach vergrößerte sich meine Plattensammlung sowie meine Musiksammlung auf Band ebenso wie mein Interesse am Blues und sogenannter progressiver Rockmusik. Aber zum späteren Zeitpunkt, weit nach der Wende, als ich mich von meiner Plattensammlung getrennt habe, war eine erkleckliche Menge von guten Produktionen aus dem Osten Bestandteil meiner Sammlung von mehr als dreihundert LPs. Manchmal habe ich es bereut, die Sammlung verkauft zu haben – so what!
Ebenso schwierig war es an gute Literatur, insbesondere an Lizenzausgaben, also alles, was mit dem Staatlichen Okay zu uns aus der großen weiten kapitalistischen Welt herübergelassen wurde, zu kommen. Da ich mich

auch sehr für Literatur interessierte wuchs auch meine private Bibliothek sehr schnell. Ich las eine Menge in den frühen Jahren und das Lesen habe ich bis heute nicht gelassen, gerade jetzt im Ruhestand bleibt mir mehr Zeit zum Lesen. Autoren in der Jugendzeit waren z.B. Max Frisch, Albert Camus, Dostojewski, Christoph Hein, Christa Wolf und viele andere. Ich interessierte mich in jener Zeit auch sehr für Philosophie, besonders der Existenzialismus hatte es mir angetan. Sogar manch in der DDR verbotenes Buch war darunter. (Solschenizyn, Bahro, Orwell). Einmal hatte ich ein Buch von Dagmar P. ausgeliehen, ich glaube es handelte sich um das Buch „Die Alternative" von Rudolf Bahro. Weil dieses Buch zu den verbotenen Büchern gehörte, denn Bahro, der in der DDR lebte, wurde verhaftet, weil er das Buch im Westen veröffentlicht hatte und noch dazu weil es sich um ein für die DDR brisantes Thema drehte. Deshalb war es schon gefährlich, das Buch zu besitzen. Ich ging allerdings noch einen Schritt weiter und fotografierte jede einzelne Seite ab, um es selbst zu besitzen und evtl. zu vervielfältigen. Davon habe ich dann aber abgesehen und die Negative lagen dann jahrelang bei mir auf dem Dachboden. Das war schon alles ziemlich gefährlich, denn die Stasi hatte mich bereits auf dem Kieker, wie noch zum Ausdruck kommen wird.

**Bilder aus meiner Jugend: Lesen – Crazy – Tischtennis
Gartenparty – Fahrradtour**

Eine intensive Zeit nimmt ihren Lauf

Die Zeit nach der Bäckerlehre bis zur Beendigung meines Studiums, also von 1972 bis 1980, schätze ich im Nachhinein als die intensivste Zeit meines Lebens ein. Im Laufe der Zeit bildete sich dann ein Freundeskreis mit gleichen Interessen heraus. Hier stand zunächst die Vorliebe für Rock – und Bluesmusik im Vordergrund, aber auch für Literatur. Daneben lagen wir in der Weltanschauung auf gleicher Linie und es war ganz bestimmt nicht die Linie der Partei. Die ehemaligen Schulfreunde spielten plötzlich kaum noch eine Rolle. Durch die Berufsausbildung wurden wir ohnehin in alle Windrichtungen verstreut. Während der Bäckerlehre bildeten sich nur in begrenztem Umfang Freundschaften heraus, die nicht weit über die Lehrzeit hinaus Bestand hatten.

In dieser Zeit habe ich Astrid, meine spätere Frau kennengelernt, genauer gesagt im Sommer 1975 im „Falkner", einem Biergarten in der Nachbarschaft des „Rangsdorfer Hofes". Der „Falkner" bestand aus mehreren an eine Krippe erinnernden Sitzgelegenheiten, die jeweils mit Raubvogel Namen bezeichnet waren und sechs bis acht Personen Platz boten. Ich weiß noch, dass sich die Gespräche mit Astrid hauptsächlich um Musik drehten, denn Astrid hatte auch ein Tonbandgerät und nahm fleißig Musik auf. Nach dem Aufbruch von dort brachte ich Astrid nach Hause und ein kleiner Abschiedskuss vor ihrem Eingangstor war sehr verheißungsvoll für mich.

Dann dauerte es jedoch noch ein paar Jahre, bis wir ein Paar wurden. Wir studierten beide in Berlin und sahen uns auch häufig und trafen uns mit gemeinsamen Freunden, fuhren auch zusammen mit anderen Freunden in den Urlaub (Hohe Tatra, Budapest, Riesengebirge) aber es dauerte mit uns wie gesagt etwas länger bis mehr daraus wurde als eine Freundschaft. Unsere gemeinsame Zeit in jenen Jahren war auch eng verbunden mit den von uns sogenannten „Diestelmannfeten" und den weiteren Blues Konzerten mit anderen Bands, denn bei fast allen war auch Astrid dabei.

Nach der Lehrzeit hatte für mich so etwas wie eine neue Ära begonnen. Diese fällt mit dem Beginn meiner Studienzeit an der Humboldt Universität zusammen, wo ich Lebensmitteltechnologie studieren wollte. Als das nicht mit meinen Vorstellungen in Einklang zu bringen war, wechselte ich die Studienrichtung und begann 1976 ein Studium der Pädagogik ebenfalls an der HU. Die Belastungen des Studiums empfand ich nicht als besonders groß und ich hatte genügend Zeit für meine Hobbys, insbesondere für Musik, Literatur und Treffen mit meinen Freunden und für Besuche von Konzerten und anderen Events.
Und daher rührt mein Eindruck einer besonders intensiven Zeit. Leider habe ich nur sporadisch Tagebuch geführt, aber ich weiß, dass insbesondere die Wochenenden voll ausgelastet waren mit Konzerten, Lesungen, Theaterbesuchen, Ausstellungen, Treffen mit Freunden usw. Dabei nahm die Musik jedenfalls eine zentrale

Rolle ein. Mein Interesse an Blues - und Rockmusik hatte sich in jener Zeit bereits gefestigt. Ich nutzte die Möglichkeiten von Veranstaltungen im Umfeld von Dahlewitz. Dazu blieb besonders am Wochenende Zeit, denn in der Woche war ich durch meinen Job bei der Post und die Abendschule an drei Tagen ziemlich ausgelastet. Im Nachbarort Blankenfelde befand sich die Dorfgaststätte „Weißer Schwan". Es gab einen Gastraum im Vorderhaus und einen großen Saal dahinter. Im Saal war vorn ein weiterer Tresen und gegenüber die Bühne. Am Tresen konnte man einzelne Biere ordern (ca.50 Pfennig das Glas) oder gleich eine ganze „Trommel", wenn mehrere Jugendliche Durst hatten - und sie hatten. Dort fanden also an den meisten Wochenenden Tanzveranstaltungen statt. Entweder kamen Life-Bands oder es war eine Disco vor Ort. In diesem Rahmen bahnten sich auch Freundschaften an. Besonders kam ich in Kontakt mit einem Freundeskreis, der zum Teil bis heute gehalten hat. Einige Dahlewitzer, ehemalige Mitschüler, die jünger waren als ich, bildeten schon eine Clique und ich war dann auch ein Teil davon. Unter anderem waren dabei die Dahlewitzer Werni, Wilfried, Thomas und dann waren da noch die Blankenfelder Thomsett, Martin und so einige weitere. Wir trafen uns nicht nur bei Tanzveranstaltungen, sondern auch bei den jeweiligen Privatadressen oder z.B. im „Waldeck", unserer Dahlewitzer Gaststätte.

Meine „Disco Ära"

Die Disco – Veranstaltungen in der Blankenfelder Gaststätte „Weißer Schwan" haben mich wahrscheinlich dazu inspiriert, selbst in dieses Metier einzusteigen. Doch zunächst musste ich noch an den Voraussetzungen arbeiten. Dazu gehörte erst einmal die Beschaffung der geeigneten Anlage, um z.B. den Saal vom „Weißen Schwan" zu beschallen. Zu diesem Zweck habe ich dann auch zwei Tonbandgeräte B4 aus der Tschechoslowakei gebraucht erworben. Einen Mono Verstärker mit einigem „Bums" kaufte ich in Berlin einem Musiker ab. Das war ein Eigenbau, erfüllte aber für mich seinen Zweck. Die Boxen dazu habe ich dann selbst gebaut. Die Lautsprecher habe ich irgendwo in Berlin in einem RFT-Bastlerladen bekommen. Sie hatten jeweils nur 12,5 W. Unvorstellbar, dass ich damit dann später im großen Saal in Blankenfelde angetreten bin. Da fehlte mir dann nur ein Mischpult und auch das konnte ich im örtlichen Rundfunk- und Fernsehgeschäft auftreiben. Alles in Allem sehr amateurhaft. Bei den Discos im „Weißen Schwan" war es manches Mal nicht so einfach in den Saal zu gelangen. Kam man zu spät, gab es eine Schlange vor dem Saal und es konnte passieren, dass man nicht mehr hereinkam, es sei denn man kannte den Türsteher und dieser war einem wohlgesonnen.
Jedenfalls habe ich Kontakt zu den Blankenfelder DJs aufgenommen. Das waren Wolfgang J., Thomas P. und Achim K. Wir lagen hinsichtlich des Musikgeschmacks auf gleicher Linie und besonders mit Achim entwickelte

sich eine Freundschaft, die bis heute besteht. Also hatte ich dann im Laufe der Zeit auch gewisse Beziehungen, die mir den Eintritt in den Saal erleichterten.
Dort lernte ich auch Bernd K. kennen, dessen Vater mir dann eine „Lichtorgel" gebaut hat, die in meiner Disco zum Einsatz kam. Später erfuhr ich aus meiner Stasi-Akte, dass dieser Vater als IM tätig war und auch einen Bericht über mich verfasst hatte.

Inzwischen habe ich mein Musikarchiv immer mehr erweitern können. Zum einen durch fleißiges Mitschneiden der im Radio gespielten Hits und dann durch Überspielen von Schallplatten. Es gab nicht so viele, die an westliche Schallplatten herankamen, daher musste jede verfügbare Quelle angezapft werden. Z.B. konnte ich so einige LPs von Wilfried L. 's Freund Toni M. kopieren. Er hatte so Raritäten wie J.J. Cale „Okie" und Frank Zappa „Apostrophe", um nur zwei zu nennen, die mir in Erinnerung blieben. Seine Mutter hatte ihm die Platten mitgebracht, denn sie durfte als Rentnerin nach West-Berlin fahren.
Meine Mutter war nach dem Tod meines Vaters Invalidenrentnerin geworden und durfte ebenfalls in den Westen reisen. Auch sie hat mir in den folgenden Jahren viele Schallplatten mitgebracht. Sie ging damals immer in die Wilmersdorfer Straße zu „Zweitausendundeins". Sie brachte von ihrem Einkauf dort ein kleines Heft mit. Aus diesem kleinen Katalog mit den Neuerscheinungen konnte ich ihr fürs nächste Mal meine Wünsche aufschreiben. Im weiteren Verlauf habe ich dann manche

Platten verkauft und den Erlös dann wiederum in Neuerwerbungen investiert. Für eine LP aus dem Westen bekam man locker achtzig bis hundert Ostmark. Nach und nach wuchs also meine Musiksammlung von LPs ebenso wie die von Tonbändern, auf denen ich dann alles kopierte, was ich in die Finger bekam.

Ich erinnere mich an ein Konzert im Saal der Blankenfelder Gaststätte „Zum weißen Schwan". Zu jener Zeit spielte die Band „Engerling" vor allem viele Blues Standards und erst so nach und nach kamen die Eigenkompositionen dazu. Jedenfalls war dieses Konzert ein Ereignis. Der Saal brodelte unter dem stampfenden Rhythmus des Blues. Wohin man sah, nur „Blueser" mit Jeans und Parka.

Im „Schwan" lernte ich dann auch Frau K. meine ehemalige Lehrerin für Russisch von einer anderen Seite kennen. Das könnte bei einem Konzert von „Engerling" gewesen sein, denn Frau K. hatte gute freundschaftliche Beziehungen zu dieser Band und darüber hinaus zu einer Berliner Clique. Jedenfalls war ich baff, sie dort zu treffen und wir kamen ins Gespräch, in dessen Folge sich dann eine Bekanntschaft entwickelte. Ich besuchte sie daraufhin einige Male, brachte eigene LPs mit und konnte bei ihr auch Platten überspielen. Sie wohnte in Mahlow in der Beethovenstraße mit ihrer Mutter und ihrem Kater Jimi. Später brachte ich ihr nur Tonbänder und ließ die Platten dann bei ihr, um beim nächsten Mal das überspielte Band abzuholen. Ich bekam oft die neuesten West-Platten von ihr. Neben dem Überspielen bei

Frau K. unterhielten wir uns bei Tee in ihrem Musikzimmer mit einem Neid – erweckendem Tonbandgerät „Revox" auch über alles Mögliche und auch über politische Themen. Nebenbei hörten wir die neuesten Platten, die sie selbst wahrscheinlich in West-Berlin aussuchen konnte, denn sie war bereits Rentnerin und konnte daher auch „rüber". (Diesen Umstand erfuhr ich aber weit später, als sie bereits verstorben war). Ich drückte ihr gegenüber unverblümt meine Unzufriedenheit mit der Verlogenheit des Systems aus, in dem wir lebten und konnte von Seiten Frau K.s vermeintlich Einverständnis feststellen. Kürzlich habe ich ein Heft wiederentdeckt, in dem ich eine kurze Zeit während meines Studiums Tagebuch geführt hatte. Dort hatte ich z.B. festgehalten, dass ich kurz nach dem Jahreswechsel 77/78 mit dem Moped, gemeinsam mit Thomas Sch. zu Frau K. gefahren bin. Dort haben wir dann Musik gehört und mehrere Flaschen Wein mit ihr und ihrem Sohn getrunken. (Wie sind wir nur nach Hause gekommen?) Diese Episode war mir entfallen.

Dass ich später in meiner Stasi Akte über Frau K. stolpern musste, konnte ich damals nicht ahnen. Ich kann sagen, dass Frau K. trotz dieser Erkenntnisse nach so langer Zeit für mich immer noch ein Mysterium ist.

Um öffentliche Diskotheken in der DDR veranstalten zu können, brauchte der DJ eine sogenannte Spielerlaubnis. DJs hießen im offiziellen DDR – Sprachgebrauch Schallplattenunterhalter und um die Spielerlaubnis zu bekommen, gab es sogenannte Einstufungen.

Dies waren Prüfungen, die vom Rat des Kreises Abteilung Kultur durchgeführt wurden. Ich habe diese Prozedur zweimal über mich ergehen lassen. Dabei sollte man seine Diskothek unter Einhaltung des Verhältnisses 40/60 West /zu Ost Musik präsentieren. Neben der ansprechenden Ankündigung der Musik sollte möglichst noch ein Bildungsauftrag dabei anklingen, also eher so wie ein Radiomoderator. Ich habe da bei einer Einstufung einen kurzen Beitrag zur Geschichte des Blues eingebaut und Musikbeispiele gegeben. Auch hatte ich darauf hingewiesen, dass ich dadurch das geforderte Verhältnis West/Ost nicht einhalten würde. Jedenfalls bekam ich die Einstufung für die Grundstufe und das bedeutete, ich konnte mich offiziell in Jugendclubs oder anderen Lokalitäten als Diskjockey betätigen. Die offizielle Gage betrug dann 5 Mark für eine Stunde Disco. Reich werden konnte man nicht.

Bevor ich jetzt mit meiner Disco zum Zuge kommen konnte, mussten zuerst einmal Kontakte geknüpft werden. Also wandte ich mich an den Leiter des Jugendclubs Blankenfelde und meldete meinen Wunsch an, dort einmal eine Disco zu bestreiten.

Parallel zu meinen Bemühungen zum DJ zu werden, habe ich mich auch engagiert einen Jugendclub in Dahlewitz zu gründen. Gemeinsam mit meiner Schwester Birgit starteten wir einen Aufruf an die Jugendlichen in unserem Ort und gründeten den Club. Ich schätze, dass es ungefähr zehn Clubmitglieder gab. Wir konnten im Sportlerheim in Dahlewitz, einem kleinen Vereinslokal am Sportplatz, unsere Club Versammlungen abhalten.

Jetzt hatten wir auch die Möglichkeit, eigene Veranstaltungen zu organisieren und öffentliche Disco-Veranstaltungen anzubieten. Das kam mir natürlich zugute und ich übernahm die Diskotheken.

Ich wohnte nach wie vor in dem großen Bäckerei-Haus in Dahlewitz. Die Bäckerei war verpachtet an die Familie Moch. Der Pächter kam aus Herrnhut und hatte vier Kinder, die alle jünger waren als ich. Deshalb war nur Hans-Günter als Ältester noch ein Spielkamerad. Neben dem Pächter wohnte noch meine Tante in dem Haus und natürlich meine Mutter und meine Schwester. Mein Zimmer war eine kleine Mansarde unter dem Dach, die zur Straße hinausging. Auch beschallte ich manchmal die halbe Straße mit meiner Musik. Die Kundschaft vom Bäckermeister Moch sollte doch etwas musikalisch unterhalten werden. Ob ihnen jedoch „Smoke on the Water" o.ä. gefallen hat, dürfte zu bezweifeln sein. Wenn ich es zu toll trieb, gebot meine Mutter mir Einhalt. Damals war der Ortskern von Dahlewitz noch ziemlich belebt. Von unserem Haus aus gesehen – der Bäcker im eigenen Haus, gegenüber einem Fleischer, nebenan der „Konsum", schräg gegenüber die „HO" also ein weiterer Lebensmittelladen. Auch wenn das damalige Angebot zum heutigen kein Vergleich ist, war für das Nötigste gesorgt und die Einwohner konnten zu Fuß oder mit dem Fahrrad alles einkaufen, was sie brauchten. (Und was es nicht gab, brauchten sie nicht ... ha ha) Natürlich gab es auch Engpässe, aber die Einschränkung hatte aus ökologischer Sicht einige Vorteile. Jedenfalls gab es noch einen Ortskern und ich wohnte mitten darin (quasi downtown). Zwei Kneipen waren in wenigen Minuten erreichbar – einmal die etwas verrufene „Giftbude" als Bahnhofsgaststätte und dann vor allem das „Waldrestaurant", beide unter der Ägide von Harry Ladwig, später seines Sohnes Martin. Im Letzteren traf man oft Freunde und Bekannte und es wurde bei den Diskussionen so einiges an Bier konsumiert. Im Vergleich zu damaligen Zeiten ist der heutige Ortskern von Dahlewitz so ziemlich tot. Nicht nur, dass die Bahnlinie das Zentrum durchschneidet, die Schallschutzwand keinen schönen Anblick bietet und die unförmige Untertunnelung der Bahn ihr übriges tut – auch fehlen die Gaststätten und Geschäfte. (die „Giftbude" am Bahnhof steht leer und vergammelt langsam und es wird kein Prinz kommen, der sie aus dem Schlaf holt und das Waldrestaurant ist schon lange geschlossen) Darüber hinaus trafen wir uns natürlich auch häufig in den Wohnungen der Freunde, die zu dieser Zeit natürlich noch bei den Eltern wohnten. Da war es kaum möglich, viel Lärm zu machen und Partys zu feiern. Lediglich bei Wilfried war das im begrenzten Rahmen möglich, denn er hatte sein eigenes Reich in den Dachräumen eines alten Bauernhauses. Bei mir in der Mansarde trafen sich auch oft genug Freunde und es wurden die neuesten Platten gehört oder einfach nur gequatscht. Zusätzlich zur Musikanlage hatte ich auch eine Lichtorgel installiert, die manchmal als stimmungsvolle Untermalung zu den entsprechenden Platten fungierte. In der schönen Jahreszeit konnten wir dann in unseren großen Garten gehen. Sogar Musikhören war dort möglich über die Anlage in meiner Mansarde, denn ich hatte Lautsprecherkabel von dort in den Garten verlegt (schätzungsweise mehr als 50 Meter). Dort waren wir meist ungestört und konnten auch kleine Partys feiern. Einmal wichen wir wegen des schlechten Wetters in unsere Garage aus und ich erinnere mich, dass wir vom „Waldrestaurant" einen Eimer Bier geholt hatten. In den frühen Morgenstunden hat dann Peter Z. noch ein paar Flaschen Milch vom nahe gelegenen „Konsum" geholt. Die Milch wurde früh geliefert und sie stand einfach zur „Selbstbedienung" vor der Tür.- Auch wurde bei uns auf dem Hof oft stundenlang Tischtennis gespielt und immer mit Musikuntermalung aus selbstgebauten Boxen, die auch die Nachbarschaft beschallten. Aber weil alles etwas weitläufig war, hielten sich die Beschwerden in Grenzen.

Unterdessen hatte ich also meine Disco-Anlage komplett und bekam jetzt die ersten Gelegenheiten, mich auf diesem Gebiet zu erproben. Wann und wo die erste Disco stattfand, kann ich im Nachhinein nicht sagen. Jedenfalls bestritt ich ein paar Diskotheken im „Weißen Schwan". Das war schon recht mutig, denn der Saal fasste schätzungsweise mehr als 100 Personen, wenn er voll war, und das war er zu solchen Jugend Tanzveranstaltungen eigentlich immer. Meine Disco habe ich *My Generation*" genannt, nach dem Titel von „The Who". Zu dieser Zeit durfte noch im Saal geraucht werden und es war eine ziemlich verqualmte und düstere Atmosphäre, was nicht heißen soll, dass die Dorfjugend keinen Spaß hatte. Apropos Dorfjugend – es kamen auch viele Jugendliche aus dem mehr oder weniger angrenzenden Berlin – wenn auch nur in Ostberlin, denn es trennte noch eine Grenze die Stadt in zwei Teile. Also mussten die Berliner mit der Regionalbahn über den Flughafen Schönefeld anreisen. Meine Spezialität als DJ war das, worunter ich progressive Musik verstand. Also hauptsächlich Rock, der auch schon mal etwas härter ausfallen durfte und natürlich auch den einen oder anderen Blues. Die Musik musste schon überwiegend tanzbar sein, denn ich freute mich, wenn es mir gelang, die Tanzfläche zu füllen. Gängige Titel waren damals z.B. *„Locomotive Breath"* von Jethro Tull oder *„How the Gypsy was born"* von Frumpy. Wenn es etwas härter sein sollte, kam *„Gumma Ray"* von Birth Control oder *„I'm going home"* von Ten Years After in Frage. Auch nach Blues wie *„Going up the Country"* oder *„Let's work together"* von Canned Heat wurde getanzt. Die langsamen Titel waren auch dabei. An dieser Stelle seien nur zwei genannt: „Hiroshima" von Wishful Thinking und *„Riders on the Storm"* von „The Doors". Von dem vorgeschriebenen Verhältnis 60/40 Ost Musik / Westmusik konnte keine Rede sein. Das Bier und andere höherprozentige Getränke flossen reichlich und der Saal kochte. Um 24 Uhr musste spätestens Schluss sein.

Unterdessen hatte ich aber für meine Disco andere Auftrittsmöglichkeiten. Unsere Club Versammlungen fanden regelmäßig im Sportlerheim Dahlewitz statt. Dort konnte ich dann auch des Öfteren DJ sein. Die Gaststätte war im Vergleich zu einer Dorfgaststätte mit Saal recht bescheiden. Schätzungsweise 50 Personen konnten dort einkehren und wenn es hoch kam auch mal etwas mehr. Ich hatte inzwischen ein Moped Simson s50 mit Hänger und konnte meine Anlage selbst zum Veranstaltungsort transportieren. Vorher war ich auf ein Auto angewiesen und hatte dabei Hilfe von Herrn Berg, dem Vater eines Freundes, der die Anlage für einen geringen Betrag mit seinem P70 vor Ort brachte.

Manchmal war es voll in der Sportgaststätte und einmal kam es zu einem Vorfall, der das vorläufige Ende für Veranstaltungen in dieser Lokalität bedeutete. Ein Jugendlicher hatte ein Bild vom Honecker abgehängt und auf die Toilette mitgenommen und womöglich darauf uriniert. Danach gab es dann ein riesiges Tamtam, in dessen Verlauf meine Schwester und ich dem Gemeinderat Rede und Antwort geben mussten. Wir wussten von Nichts und konnten nur versuchen, den Wind aus den Segeln zu nehmen. Trotz unserer Bemühungen war erst einmal Feierabend im Sportlerheim. Dafür gelang es uns dann mit dem Direktor der Dahlewitzer Schule, Herrn Scholz ins Gespräch zu kommen und wir konnten in der dortigen Turnhalle, die auch mal ein Tanzsaal war, unsere Disco veranstalten. Inzwischen hatte ich auch meine Anlage verbessert und eine Lichtorgel dabei und auch ein Stroboskop. Ein solches „Blitzlichtgewitter" konnte ich natürlich nur sehr sparsam einsetzen. Ich baute die Anlage auf der kleinen Bühne der Turnhalle auf und ich kann mich erinnern, dass ich einmal in einer hellen Bäckerhose und einem weißen T-Shirt auf der Bühne zu besagtem Blitzlicht wegen des Effektes getanzt habe. Bei einer anderen Disco fiel mir eine von meinen LPs herunter und als ich es gemerkt habe, war ich schon darauf getreten. Eine Scheibe des Doppel-Albums von „Wishbone Ash" war leider zerkratzt – sehr ärgerlich – „wilde Zeiten" damals, aber eher harmlos aus heutiger Sicht. Auch stand dem Jugendclub bisweilen die Kantine der Großbäckerei Dahlewitz für öffentliche Discos zur Verfügung. Das war dann eine Herausforderung, denn der Jugendclub musste auf dem Betriebsgelände für Ordnung und Sicherheit sorgen. An diesem Ort war das Ambiente etwas steril, eben eine Kantinen Atmosphäre. Dort gab es auch nur wenige Veranstaltungen. Heute ist die Großbäckerei Dahlewitz nur noch Geschichte, denn nach der Übernahme durch die Firma „Lila Bäcker" und deren Pleite und anschließendem Leerstand ist heute eine Lemberg – Lebensmittel GmbH am Ruder, die u.a. Kaviar vertreiben will. Mal sehen! (dies nur am Rande).

Auch weiterhin blieb genügend Raum für meine Freizeitinteressen. So ging ich so oft es möglich war zu Konzerten, traf mich mit Freunden, fotografierte und entwickelte selbst die Filme und las sehr viel. Mein Freundeskreis bestand hauptsächlich aus Blankenfelder und Dahlewitzer Jugendlichen, erweiterte sich aber auch dadurch, dass durch die Berufsausbildung der Freunde weitere Bekanntschaften geschlossen wurden.

Der Blues tritt nicht erst jetzt in mein Leben

An dieser Stelle sind ein paar Worte zum Thema Blues angebracht und dazu, warum diese Musik einen zentralen Platz in meinen Hörgewohnheiten einnehmen sollte.

Der archaische Blues hat zuerst seinen Weg von Afrika mit dem Sklavenhandel nach Amerika genommen. Im Schmelztiegel der verschiedenen Einflüsse von New Orleans bis Chicago entlang des „Blues Highways" gelangte die Musik zunächst durch Schallplatten nach Europa und vor allem nach Großbritannien, wo sie von den verschiedensten englischen Bands aufgegriffen und weiterentwickelt wurde. Es heißt nicht umsonst „The Blues had a Baby and they named it Rock and Roll" wie schon Muddy Waters wusste. Erst später entdeckte man in Europa die Originale durch vielfache Auftritte von Musikern wie John Lee Hooker, Muddy Waters, B. B. King, um nur ein paar berühmte zu nennen. Einen Anteil daran hatte auch das American Folk Blues Festival, das mit vielen amerikanischen Blues Größen von 1962 bis 1985 fast jährlich durch Europa tourte. In den 60er Jahren gastierte das Festival auch mehrmals in der DDR. Davon zeugten dann ein paar Amiga LPs, die ich mal mein Eigen nannte, bevor ich mich von meiner Plattensammlung getrennt habe.

Zu der Zeit der Auftritte hörte ich wahrscheinlich noch andere Musik und hätte vermutlich auch keine Eintrittskarten bekommen. Später hat „Amiga" dann noch eine Reihe „Blues Collection" aufgelegt mit so namhaften

Musikern wie Big Bill Broonzy, Champion Jack Dupree, John Lee Hooker und anderen, die auch in meiner Plattensammlung vertreten waren.

Ursprünglich war der Blues die Musik der unterdrückten Farbigen in Amerika und so konnte er auch in der DDR angepriesen werden, denn das lag auf der Linie der Propaganda gegen den „bösen" kapitalistischen Westen. Die Funktionäre, die damals über die Geschicke ihres kleinen Landes bestimmten, hatten sich allerdings nicht träumen lassen, dass der Blues auch einiges an Potential in sich barg, das letztendlich auch einen Beitrag zum Umbruch geleistet hat. Es bildete sich eine Jugendkultur heraus mit Trampern, Kunden und Bluesern. Verbindendes Element waren die Konzerte in vielen kleinen Dorfgaststätten und natürlich auch in manchen angesagten Jugendclubs. Dort traf man sich an den Wochenenden unter dem Vorzeichen Blues Musik. Diese Musik fiel bei uns Jugendlichen auf fruchtbaren Boden. Im Rahmen der Veranstaltungen wurden auch viele Freundschaften zwischen den TeilnehmerInnen geschlossen. Bei diesen handelte es sich zumeist um die Unangepassten und Unzufriedenen mit dem System. Neben dem Musikgenuss wurde auch über politische Themen gesprochen und die Gespräche mit Gleichgesinnten waren bereichernd, obwohl immer wieder eine gewisse Ohnmacht zum Ausdruck kam, für die dann die Blues Musik ein Ventil bot. Die staatlichen Organe versuchten mit Veranstaltungsverboten oder mit Druck auf die Clubs vieles zu verhindern, doch nur mit begrenztem Erfolg. Das äußerte sich auch im Unterbinden von Anreisen zu Konzerten und anderen Gängeleien. Alles in Allem verstärkte sich durch diese Umstände eher die Unzufriedenheit mit dem System. Gut dargestellt ist die Situation in dem Buch „Bye, Bye Lübben City" nach dem gleichnamigen Song von „Monokel", in dem es um Blues- freaks, Tramps und Hippies in der DDR geht.

Aber wie kam ich eigentlich zum Blues? In meiner frühen Jugend hörte ich wie erwähnt überwiegend die Musik, wie sie in den Radio- und Fernsehsendungen für die Jugend angeboten wurden. Dabei waren auch einige britische Bands wie zum Beispiel Bands wie die Rolling Stones, die Yardbirds, die Animals, Them u.v.a. die ihre Wurzeln im amerikanischen Blues hatten.
Später hörte ich dann oft regionale Bluesbands, die zwischen Stralsund und Erfurt unterwegs waren und in so mancher Dorfgaststätte auftraten. Ich war überwiegend in unserer Gegend, also im Berliner Raum mit dem südlichen Randgebiet unterwegs. Dabei lernte ich Bands wie „Engerling", „Vai Hu", „Monokel", die „Diestelmann Folk Blues Band", „Zenit" Jürgen Kerth u.a. kennen. Die Bands in der DDR waren auch dem Diktat des Verhältnisses 60% Ost-Musik zu maximal 40% Westmusik ausgesetzt. Um dem gerecht zu werden, hatten viele Bands auch Eigenkompositionen im Programm. So auch manche Blues-Bands, die einen ganz eigenen Stil ihres Blues oder Bluesrocks entwickelten. Aber es gab natürlich auch Bands, die sich nicht um die Vorgaben des Staates kümmerten, in kleinen Gasthöfen auftraten und das

spielten, was das Publikum hören wollte. Und das war meist das Bekannte aus dem Westen. Beliebte Veranstaltungsorte für mich waren eine Zeitlang der „Schwan" in Blankenfelde, der „Florapark" in Mahlow oder wenn man etwas weiter fuhr in Richtung Spreewald das Gasthaus in Rietzneuendorf, wo ich allerdings nur einmal war.

Im Laufe der Zeit hatte sich also bei mir ein Musikgeschmack herausgebildet, der ziemlich am Blues und Bluesrock orientiert war, ohne den Anspruch der Ausschließlichkeit, denn ich hörte auch gern andere Genres. Aber trotzdem hatte der Blues auch damals schon einen hohen Stellenwert für mich. Ich fuhr z.B. mit Achim K. nach Berlin, Pankow zu Gabi T. und Frank S., um eine Blues Anthologie, bestehend aus etwa zehn LPs, zu überspielen mit Musikern wie Elmore James, J.B. Lenoir, Howlin' Wulf etc. - eben die Urgesteine. Blues half mir seit längerem in manchen Lebenslagen. Mal wenn ich down war (*"Sun is shining but it's raining in my Heart"* von Fleetwood Mac) oder auch eher in euphorischen Zeiten („Boogie Chillen" von Hooker/Heat) – für jede Gelegenheit der passende Blues. Heute aus meinem Archiv zu wählen ist schon bedeutend schwieriger wegen der schieren Menge an Interpreten und Titeln.-

Der Blues gewann unter uns Jugendlichen eine zunehmende Anhängerschaft und es bildete sich auch hierzulande eine Jugendkultur heraus die sich ähnlich wie im Westen durch ihre Kleidung durch lange Haare und auch durch ein gewisses Maß an Ablehnung der Konventionen ihrer Eltern ausdrückte. Auch bei mir war das der Fall, ich trug Levis aus dem Westen, einen Ami – Parka und auch sonst war ich nicht sehr angepasst. Natürlich gefielen solche Tendenzen der Partei – und Staatsführung der DDR gar nicht. Da wurden von Seiten der „Organe" entsprechende Gegenmaßnahmen ergriffen. Aber davon später.

Für mich bestand die Konsequenz darin, dass ich Blues Konzerte zu organisieren begann, um der Situation, in der wir uns befanden, positive Seiten abzutrotzen. Wie man sehen wird, war das nicht immer einfach.

Diestelmann mit seiner Folk Blues Band

Es muss wohl im Jahr 1975 gewesen sein, dass sich die Idee entwickelte eine private Bluesfete zu organisieren bei der zunächst „Diestelmann & Co" in einer regionalen Kneipe auftreten sollten.

Mein erster Kontakt zu Diestelmann kam bei einem Konzert seiner damaligen Band „Vai hu" auf der Freilichtbühne Biesdorf zustande. Jedenfalls war ich schon dort von der Musik der Band beeindruckt. Soweit ich mich erinnere, fragte ich bei der Band nach, ob sie im Jugendclub Dahlewitz auftreten würden. Da ich dort im Club Rat mitarbeitete wollte ich ein solches Konzert organisieren. Wir hatten schon die Plakate von „Vai hu" und einen Termin in der damaligen Turnhalle Dahlewitz (der späteren Diskothek „Primavera") klargemacht als sich „Vai hu" auflösten und „Diestelmann & Co" gegründet wurde.

Die neue Band orientierte sich mehr am Folkblues und war für die damalige Blues Gemeinde ein Novum. Die Instrumentierung mit akustischen Instrumenten, Kontrabass, Geige, Mundharmonika und Gitarre war schon etwas Besonderes.

So traten also erst einmal „Diestelmann & Co" in der Dahlewitzer Turnhalle vor nur wenigen Leuten auf. Wir hatten damals kaum Werbung gemacht, weil wir befürchtet hatten, dem Ansturm nicht gewachsen zu sein. Wie die Erfahrung uns gelehrt hatte reisten bei ähnlich gearteten Veranstaltungen Fans aus weiten Teilen der Republik an. Dafür reichte die „Mund zu Mund

Propaganda". Daher waren wir erstaunt, dass dieses Konzert fast im privaten Rahmen stattfand aber trotzdem sehr gute Erinnerungen weckt. Damals müssen wir Blut geleckt haben.

Es entstand also die Idee eine private Bluesfete zu organisieren. Diese Idee wurde im Freundeskreis vor allem von mir, Wilfried und Thomas Sch. umgesetzt. Diese lockere Verbindung nannten wir „Blues AG" und es ging darum die Feten im privaten Rahmen zu organisieren. Als Gaststätte wurde der Dorfkrug „Rädler" in Glasow von uns ausgewählt. Die polizeiliche Anmeldung übernahm der Kneiper. Ich glaube wir haben es als Geburtstagsfeier deklariert. Das ging zu dieser Zeit noch reibungslos über die Bühne. Wilfried hat eine Einladung gestaltet, den Text hatte ich mit der elterlichen Schreibmaschine geschrieben. Vervielfältigt haben wir die Einladung auf einer Druckerpresse von Martins Vater dem damaligen Blankenfelder Pfarrer. Dies war unter DDR – Verhältnissen schon eine etwas riskante Angelegenheit. Von den Teilnehmern wurde eine Teilnahmegebühr von 12,-Mark im Voraus per Postanweisung erbeten. Der Einzahlungsbeleg war die Eintrittskarte. So stand der Fete nichts mehr im Wege.

Dank Astrids Tagebuch habe ich meine Erinnerungen an den **17. Dezember 1977** auffrischen können. Erwähnung finden in Astrids Aufzeichnungen: *Martina Cz. /Karin K./Seppel /Thomas Sch. (mit einem Loch in der Levis hinten)/Fichtel/ Erbse/Martin V./Albrecht + Beate E./Knopper/Thomas St./Birgit/Ingolf/Norbert/Kerstin und Rolli/Schweine Siggi/Blondi & Wallenstein/Angelika, Doris...*

Die Reihe der Namen ließe sich aus eigener Erinnerung oder anhand der Fotos noch fortsetzen.

Jedenfalls waren an besagtem Tag um 17 Uhr als Astrid mit ihren Freundinnen eintraf bereits einige dieser Leute anwesend. Man wartete gemeinsam in der Gaststätte bei Bier und vermutlich anderen geistigen Getränken auf das Eintreffen der Band, welche sich dann nach und nach einstellte. Wie damals üblich fing man mit solchen Musikveranstaltungen bereits früh an, da um 24 Uhr Feierabend sein musste. Ich denke, dass die Musi also um 19 Uhr in dem kleinen Saal der Gaststätte zu spielen begann.

„Es war ganz toll. Diestelmann ist süß. Ingolf schnitt das Konzert auf Band mit. Sagenhaft! Thomas Sch. und Wilfried machten Fotos mit Blitzlicht. Berndchen war schon leicht angetrunken. Ich setzte mich nach vorne auf den Fußboden zu Martin und Ingolf. Als Diestelmann Pause machte, spielten ein paar Jungs aus B'felde und Mahlow. Echt gut!! Klavier, Bass und Gitarre und Mundharmonika. Saustark! Frank aus Berlin spielte auch Mundharmonika. Am meisten aber Fichtel. Er hat neuerdings kurze Haare. Der Junge aus Mahlow, den ich vom Kunstzirkel kenne, kann einwandfrei Gitarre spielen. „Rädler" machte den absoluten Umsatz mit Bier. Auch Essen ging absolut weg. "Am Ende, glaube ich, kurz nach 12, gingen viele, denn der letzte Bus fuhr leider." (Zitat Astrid)

Hinterher gab es noch eine Nachfeier bei Wilfried, der damals noch in Dahlewitz auf dem Bauernhof seiner Eltern eine Dachwohnung hatte. Ich zitiere noch einmal Astrid:

„Leider mussten wir laufen, die 96 lang. Dietrich von Diestelmann kam mit dem Auto mit. Bei L. 's saßen wir alle oben in Wilfrieds Zimmer: Ingolf, Doris, Gela, Martin, Thomsett (Seppel), Dietrich (Blues) Werni, Gabi (aus Mahlow Freundin von Ellen) Thomas St., Knopper und noch ein paar irre Leute, Fichtel auch.

Berndchen ging dann bald schlafen, d.h. er wurde die Treppe runtergetragen,), Ein Junge und ein Mädchen, die von Jena wegen Diestelmann extra hierher getrampt waren, schliefen die ganze Nacht. Wir quatschten mit Dietrich, er meinte, "es war ganz gut, er würde so etwas auf jeden Fall mal wieder machen."

So nach und nach legten sich alle schlafen. Wilfried kippte als letzter ab und schnarchte vor dem Bücherregal. Das Ganze ging dann bis zum kommenden Mittag. Es endete mit einem Klaviertransport:

„Vorher halfen die Jungs aber noch, den Flügel von Wilfried zu transportieren. Frau L. wollte das so. Werni half nicht, er stand daneben und meinte, er übernimmt die Denkarbeiten. Fichtel hatte eine Flasche Bier in der Kutte, die ab und zu überschwappte. Der Flügel knarrte schon sehr verdächtig"

An dieser Stelle füge ich den Bericht meiner ehemaligen Russischlehrerin Frau K. ein, den ich der Stasi – Akte entnommen habe, die ich nach der „Wende" angefordert hatte. Der oder die IM „Duett" war unschwer als Frau K. zu erkennen, denn es war keine andere ehemalige Lehrerin eingeladen. Die Überraschung war trotzdem groß, denn ich hätte ihr dies niemals zugetraut. Aber im Wesentlichen hätte auch ich diesen Bericht in dieser Weise verfassen können, um ihn dann in der „Märkischen Volksstimme", dem damaligen Lokalblatt, zu veröffentlichen. Warum um alles in der Welt dieser Bericht von Frau K. geliefert wurde, bleibt bis heute im Dunklen, denn ich konnte sie nicht mehr fragen, weil sie schon vor 1989 verstarb. Seltsam ist auch, dass sie bei zwei weiteren Veranstaltungen von uns anwesend war, doch davon existieren keine weiteren Berichte. Auch unsere privaten Gespräche bei ihr zu Hause, während ich von ihr Platten überspielte, gaben mit Sicherheit mehr Berichtenswertes für die Stasi her.

Bericht des IMS „Duett"
Auf Befragen teilte der IM zu o.g. Veranstaltung folgendes mit:
„Anfang Dezember erhielt der IM von dem Bergmann, Ingolf wh. Dahlewitz, Bahnhofstr. 92 persönlich eine Einladung zur Teilnahme an einem Jazzkonzert in der Gaststätte „Rädler" in Mahlow-Glasow. Für diese Veranstaltung wurde die Berliner Blueskapelle „Stefan Diestelmann und Co." verpflichtet, da diese einen guten Blues und Jazz spielt und zum anderen wesentlich billiger ist als gleichartige Kapellen. Die Organisation der Veranstaltung lag in den Händen des Bergmann im Auftrag des Dahlewitzer Jugendclubs. Der IM wurde deshalb eingeladen, weil er ehem. Lehrer des Bergmann war und zum anderen Anhänger des Blues ist.
Die ca. 60 geplanten Teilnehmer aus verschiedenen Teilen des Bezirkes erhielten eine schriftliche Einladung und gleichzeitige Aufforderung 12,-M Eintritt auf ein dem IM nicht bekanntes Konto zu zahlen. Der Einzahlungsbeleg sowie die Einladung berechtigten zum Eintritt. Die angeschriebenen Teilnehmer, vermutlich Studienkollegen des Bergmann, wurden aufgefordert, keine weiteren Personen mitzubringen, da die Räumlichkeiten der Gaststätte Rädler begrenzt sind.

Die Veranstaltung selbst verlief ohne Vorkommnisse. Es war ein Tanzabend, zu welchem alle Teilnehmer trotz unterschiedlichen Alkoholgenusses anständig in Erscheinung traten.

Während der Veranstaltung wurde fotografiert, insbesondere die Kapelle, welche immer wieder für ihre gute Musik gelobt wurde. Die Kapelle selbst trat ebenfalls anständig auf.

Die Teilnehmer waren dem IM überwiegend unbekannt. Aus Mahlow nahm der J., K.-H. mit seiner Freundin S. teil. (Nachfolgende Passage geschwärzt)

Die Veranstaltung endete ca. 24 Uhr. Beim Abtransport gab es einige Schwierigkeiten, da der letzte Bus verpasst wurde. Eine große Anzahl bestellte sich eine Taxe bzw. andere liefen zu Fuß zum nächsten öffentlichen Verkehrsmittel.

Soweit dem IM aus einem Gespräch mit Bergmann bekannt ist, soll im Jahre 1978 eine weitere gleichartige Veranstaltung stattfinden".

Impressionen vom Konzert

Nach langer Zeit habe ich heute mal wieder etwas intensiver der Musik gelauscht, die ich damals fast genau vor dreißig Jahren auf einem Tonbandgerät der Marke ZK 246 aufgezeichnet hatte. Dieses Gerät gehörte schon zu den besseren der damaligen Zeit, doch das einzige meiner vielen Tonbänder, das noch überlebte, hat doch qualitativ sehr gelitten (die anderen wanderten in den Müll – ca.100 Stück zum damaligen stolzen EVP von etwa 25,- Mark; schade drum). Noch dazu musste ich gleich nach dem Konzert feststellen, dass wir den Regler etwas zu weit aufgedreht hatten. Dadurch waren alle Aufnahmen etwas verzerrt. Trotzdem ist das Band für mich als Ton-dokument sehr wertvoll. Ich habe inzwischen die Musik auf den Computer kopiert und vielleicht kann daraus ein pfiffiger Tontechniker noch mal etwas Hörbares zaubern.

Der Ablauf des Konzerts sah also von der Musik her so aus: *Caldonia / Ma Babe / Rollin' & Tumblin' / Dust My Blues / Good Morning Little Schoolgirl / Spoonful / I Had a Dream / It's My Own Fault / Reichsbahnblues / Mojo Workin' / I Got the Blues When It Rains / Sonny/ Eleanor Rigby / Trouble in Mind / Country Roads/ Key to The Highway*

Insgesamt gab es an dem Abend etwa drei Stunden Musik unterbrochen von mehreren Pausen. Die Gaststätte war gut gefüllt und die Atmosphäre war toll, ähnlich wie wir es schon von dem „Blauen Club" in der Prenzlauer Allee kannten. Das Besondere war allerdings, dass sich hier die meisten Leute kannten. Die Musik verursachte auch schon durch die Instrumentierung (Gitarre, Geige, Bass und Mundharmonika) den einen oder anderen Schauer.

Neben den bekannten Blues – Standards gab es auch längere Instrumentalpassagen u. a. mit Flamenco Klängen. Die Band wurde begeistert von uns aufgenommen.

In den Pausen gab es noch musikalische Einlagen von anderen Teilnehmern. So hatte auch „*Pithecanthropus*" einen kurzen Auftritt mit „Blue Suede Shoes". In der Band spielte u.a. Thomas Schulze, der dann später zum „Piano Schulze" wurde und uns auf so einigen weiteren Bluesfeten mit seiner Musik erfreute.

Break: *Viel später, während der Pandemie, bin ich bei einem Konzert der „Piano Schulze Boogie Band" im Hof des Quasimodo gewesen. Es war das erste Konzert nach dem zweiten Lockdown in der Corona – Krise. Jetzt ist es bereits 45 Jahre her, dass ich die Anfänge dieses Musikers erleben durfte.-*

Freunde bei der Diestelmannfete

Impressionen vom Konzert: Fotos von Thomas Schönburg
oben: Fichtel und Andreas an der 'Mundi' –
Sylvia und (Andrea vorn)
Mitte: Rüdiger Philipp – Stefan Diestelmann
unten: Stefan, Bernd Kleinow, Dietrich Petzold

Planungen für weitere Konzerte

Nach dem Konzert im Jahr 1977 war klar, dass wir weitere Konzerte folgen lassen wollten, nur wurde es dann zunehmend schwieriger, eine Genehmigung zu bekommen.

Wilfried L. bekam kurz darauf Besuch von der Stasi. Wilfried hatte nämlich das Geld kassiert, das jeder Teilnehmer im Voraus per Postanweisung eingezahlt hatte. Wilfried sollte nun die Teilnehmer der Veranstaltung bekanntgeben, was er allerdings nicht getan hat.

Die Diskrepanz zwischen der begrenzten Freiheit im privaten Raum und dem Zwang immer darauf zu achten, nichts Falsches zu sagen, durchzog sich durch meine gesamte Ausbildung auch später an der Universität und durch mein Berufsleben bis zur Wende. Umso verständlicher ist es, dass Freiräume von Jugendlichen und so auch von mir in dieser Zeit genutzt wurden. Meine Freiräume waren Treffen mit gleichgesinnten Jugendlichen, gemeinsames Musikhören, Konzertbesuche und Lesen, um die Wichtigsten zu nennen. Es wurde im Freundeskreis auch über politische Themen gesprochen. Wir wussten schon von Aktivitäten der Stasi, doch trauten wir uns ein Gespür dafür zu, mit wem wir offen reden können. Allerdings kam dann mit der Wende das gesamte Ausmaß der perfiden Spitzelei der Stasi ans Licht und in einigen Fällen hatte das Gespür versagt, wie sich zeigte, als ich die Kopie meiner Stasi - Akte in den Händen hielt. Auf sechzig Seiten hatten die

IMs (vier an der Zahl) und die hauptamtlichen Mitarbeiter über mich berichtet. Vieles war belanglos, aber sie haben mir beinah das Studium verwehrt. Die von mir organisierten Blues Konzerte spielten in der Akte eine große Rolle.-

Eine Neujahrskarte von Norbert L.

Wie bereits gesagt, war ein wichtiges Thema für mich die Musik und speziell der Blues. Meine Plattensammlung wuchs vor allem dadurch, dass meine Mutter mir oft Platten aus Westberlin mitgebracht hat und durch Verkauf und Neuerwerbungen. Nebenher gab es auch manchmal auf „Amiga" Lizenzplatten zu kaufen, wenn man schnell war oder Beziehungen hatte. Auch besuchte ich weiterhin Konzerte in unserer Umgebung. Beispielsweise Konzerte von der „Jonathan Blues Band", „Monokel", „Passat" und nicht zuletzt von der „Diestelmann Folk Blues Band", um nur ein paar zu nennen. Wie erwähnt, war nach der ersten privat organisierten Bluesfete das Verlangen groß, weitere Feten folgen zu lassen. Schon bald nach der ersten Party 1977 müssen wir daran gegangen sein, die nächste Bluesfete zu organisieren. Ich übernahm es, den Kontakt zu Stefan Diestelmann herzustellen. Wie schon bei der ersten Fete war ich zum Vertragsabschluss bei ihm zu Hause in der Berliner Rykestraße. Ich weiß noch, dass seine Türklingel mit dem Licht gekoppelt war, denn er hörte wahrscheinlich oft Musik in entsprechender Lautstärke und so konnte er trotzdem wissen, dass jemand an der Tür stand. Hoch anzurechnen war es ihm, dass er uns einen Freundschaftspreis für die Band machte.

„Rädler" als Gaststätte kam nicht mehr in Frage. Obwohl die letzte Fete ein voller Erfolg war und es keine Gewalt und kein kaputtes Inventar gab und auch der Umsatz gestimmt haben dürfte, sagte der Kneiper „Nein". Er wird wohl einen Wink von entsprechender Stelle bekommen haben.

Also wichen wir in den Nachbarkreis aus. Eines Tages Anfang78 fuhren wir in Thomas' Trabi über Land Richtung Potsdam und klapperten ein paar Landgaststätten ab. Diese Fahrt verlief sehr rasant und ich bangte jedenfalls einmal auf der Strecke von Blankenfelde nach Großbeeren um mein Leben.

Wir entschieden uns für die Gaststätte in Güterfelde. Diese lag relativ verkehrsgünstig, hatte einen Saal nach unserem Geschmack und der Kneiper war einverstanden. Soviel ich weiß, übernahm er die polizeiliche Anmeldung.

Es folgte dann die Phase der Vorbereitung wie gehabt. Einladungen verteilen und Geld „eintreiben". Vor der Fete fuhr ich noch einmal mit dem Fahrrad nach Güterfelde, um die letzten Absprachen mit dem Wirt zu tätigen. Alles lief nach Plan.

Mai 1978: Zweite Diestelmannfete in Güterfelde

Wie ich aus Astrids Tagebuch entnehmen konnte, war das für unseren Freundeskreis eine sehr bewegte Zeit. Zu dieser Zeit studierte ich an dem HU-Berlin und nutzte jede freie Minute für Aktivitäten mit der Clique. Da wurden gemeinsam Konzerte besucht, Feten gefeiert oder es wurde einfach nur zusammengesessen.

An jenem Wochenende war zunächst das Konzert von „Monokel" im „Florapark" Mahlow, einem Gasthaus mit großem Saal, in dem des Öfteren beliebte Rock – und Bluesbands spielten. Wahrscheinlich erst nach der Wende fiel auch dieses Gasthaus der Abrissbirne zum

Opfer. Jedenfalls waren neben mir Astrid, Dieter G., Knopper und Keule dabei.

Von dort ging es nach Dahlewitz zu Werni's Fete, der soeben seine Armeezeit beendet hatte. Am nächsten Morgen waren wir dann bei Astrid, die „sturmfreie Bude" hatte, denn ihre Eltern waren nach Ungarn gefahren. Dort lagerte man auf dem Rasen und es wurde Saxofon gespielt. Mit dabei waren auch Fichtel und Werni.

Nachmittags wurde die Fahrt nach Güterfelde angetreten. Man fuhr mit dem Bus Richtung Potsdam bis zum Stahnsdorfer Hof. Toni M. fuhr Taxi Richtung Güterfelde. Inzwischen regnete es in Strömen.

Ankunft in Güterfelde im Regen

Ich selbst bin im Auto von Thomas S. mitgefahren. Wir hatten jedenfalls noch ein paar Dinge besorgt, um die Atmosphäre gemütlicher zu machen. So bestückten wir jeden Tisch mit Kerzen und legten vor der Bühne einen alten Teppich aus, damit sich die Leute daraufsetzen konnten.

Für mich persönlich begann die Fete mit einer Hiobsbotschaft. Ich erfuhr von Charlie, dass er sich von seiner Freundin getrennt hatte. Für mich bedeutete das, dass ich wieder aus der Wohnung in der Raumerstraße im Prenzlauer Berg von besagter Freundin herausmusste, die ich gerade fertig renoviert hatte. (Ich studierte in dieser Zeit bereits an der Humboldt – Universität am Fachbereich Polytechnik) Als Trost durfte ich dann mit ihr den Eröffnungstanz machen. Na toll!

Wie die Fete musikalisch verlief, daran habe ich nur vage Erinnerungen. Inzwischen hatte Diestelmann sich neue Musiker gesucht, denn mit der alten Band hatte er sich überworfen. Nun trat er mit einem Trio an und wenn ich mich richtig erinnere, war Alexander Blume am Piano dabei. Diesen Umstand hat er mir kürzlich bei seinem Konzertabend mit Bernd Kleinow im Rangsdorfer Café „Pausenplätzchen" bestätigt.-

Das Programm in Güterfelde wird sich nicht wesentlich von der ersten Fete unterschieden haben, vielleicht gab es etwas mehr Eigenkompositionen mit deutschen Texten, denn die erste LP der Diestelmann- Folk Blues Band ist im Sommer '78 erschienen. Mir persönlich gefiel die ursprüngliche Besetzung mit Bernd Kleinow (Harp), Rüdiger Philipp (Bass) und Dietrich Petzold (Geige) besser.

Jedenfalls war der Saal gut gefüllt, es wurde getanzt, Bier und Wein getrunken und die Freude war groß, dass wir es wieder geschafft hatten und wir uns in diesem Rahmen begegnen konnten. Das im Vorfeld eingesammelte

Geld reichte für die Band und vom Rest gab es noch Freibier. Auch der Kneiper war mit dem Umsatz sehr zufrieden.

Im Anschluss an die Fete ging die Party noch weiter bei Astrid. Ich fuhr nach Blankenfelde im Auto mit Jürgen Eger (Gitarrist, Sänger und Liedermacher), seinem Fahrer (Koch), Thomsett und Astrid. Dort tranken wir erstmal Kaffee. Irgendwann kamen dann die „Massen", die mit dem Bus gefahren waren. Der Busfahrer soll wohl einen Schock erlitten haben, als am frühen Morgen eine halbe Hundertschaft in seinen Bus einstieg. (Natürlich kamen nicht alle zu unserer kleinen Nachfeier. Laut der Tagebuchaufzeichnungen wurde dann noch Saxofon gespielt. und mit Eiern geschmissen. So viel dazu!

Über diese Veranstaltung, wie über alle Veranstaltungen, die danach von uns organisiert wurden, bis zum Ende der DDR, gibt es keine weiteren Berichte in meiner Stasi-Akte. Obwohl der (bzw. die) IM auch wieder eingeladen war. Merkwürdig!

Frau K. bei der Fete

2. Diestelmannfete in Güterfelde

Fotos: Thomas Schönburg

Unsere Orientierung richtete sich zwar hauptsächlich
auf Blues, doch schauten wir auch über den Tellerrand.
Auch beliebt bei Vielen waren die Folkbands und diese
hatten bei den Genehmigungsbehörden wohl nicht das

schlechte Image, wie es beim Blues der Fall war und so kam die Genehmigung zustande.

Am **11.November 1978** fand die dritte von der „Blues – AG" organisierte Veranstaltung in der Ludwigsfelder Gaststätte „Petersilie" statt. Dabei handelte es sich um das Spartenheim einer Kleingartenanlage. Die Kontakte zur Gaststätte knüpfte „Schweine – Siggi", der in Ludwigsfelde ansässig war. Da er leider verstorben ist, kann ich ihn nicht mehr befragen.

Jedenfalls kam die Fete nach altbewährtem Muster zustande. Die Einladung war diesmal ein Foto, welches ich in Eigenregie vervielfältigte. Von einem Computer waren wir damals noch etliche Jahre entfernt.

Zu dieser Zeit gab es neben den Blues- und Rockbands auch immer mehr Folkbands. Im Vorfeld hatte ich schon einige Konzerte dieser Bands besucht. Bekannt und beliebt waren u.a. „Folkländer" (Leipzig) und „Skye" (Berlin) und „Brummtopf" (Erfurt).

Wir jedenfalls rekrutierten „Bettelsack" (Halle) und „Wacholder" (Cottbus) Die Band „Wacholder" existierte noch lange Zeit. Es gab auch eine Amiga – LP. Die andere Folkband war also „Bettelsack" aus Halle. Ihre Spuren verlieren sich scheinbar bald. Keine LP steht in meinem Plattenschrank und die Recherche im Internet erbrachte auch nur dürftige Ergebnisse. Zwei Mitglieder der Band müssen wohl kurze Zeit später für politische Aktivitäten im Stasi- Knast „Roter Ochse" gelandet sein, wie im Internet zu erfahren war.

Weiterhin traten noch die Gitarristen Jürgen Eger und Roland Köhler auf. Jürgen Eger ist eher ein Singer –

Songwriter. Er spielte Songs mit deutschen Texten und auch ein paar Bluesnummern. Später trat er u.a. mit einem Brecht-Programm auf. Er war politisch aktiv und bezeichnet sich heute als Widerstandskämpfer und Menschenrechtsaktivist. Über seine gegenwärtigen musikalischen Aktivitäten konnte ich nichts finden. So bleibt mir die Erinnerung und die LP „Kleeblatt Nr.7, auf der er mit drei Titeln vertreten ist.

Roland Köhlers Spur verliert sich schon vor dem Ende der DDR. Wenn ich mich recht erinnere, war auch er, wie so viele, auch unserer Freunde, in den Westen gegangen.

Die Fete in der „Petersilie" war auch wieder gut besucht, wie mir Andreas T. kürzlich versicherte, denn ich konnte mich nicht so recht erinnern. Zumindest kam durch das Eintrittsgeld, das Wilfried vorher kassiert hatte, die Gage für die Bands zusammen. Frau K. war auch hier eingeladen und kam mit ihrer „Gang" aus Berlin. Sie hatten allerdings erwartet, dass es sich wieder um Blues handeln würde und als das nicht der Fall war, verließen sie baldmöglichst die Gaststätte.

Die Staatsmacht der DDR verhindert
weitere Bluesfeten

In der Folge wurde es immer schwieriger, die Bluesfeten zu organisieren. Für Feiern, auch für Privatfeiern in Gaststätten über eine bestimmte Personenzahl hinaus, war es notwendig, eine Genehmigung bei der zuständigen Stelle im Kreis einzuholen. Wenn dies nicht die Gaststätte übernahm, musste man selbst dorthin und eine Veranstaltungsmeldung in vierfacher Ausfertigung abgeben (eine behielt man selbst, eine war für den ABV also den Dorfpolizisten bestimmt, eine für die Stasi und eine verblieb beim Kreis) und die Veranstaltung mit Unterschrift und Stempel absegnen lassen. Die Wirte ließen sich auf nichts mehr ein und wie im Nachhinein deutlich wurde, hat man Druck auf sie ausgeübt.

Schon im Herbst 1979 erfolgte ein erneuter Versuch. Diesmal wollte ich die Band „Engerling" engagieren, die damals zu meinen Favoriten gehörte. Wie bereits erwähnt kannte ich die Band schon seit einem frühen Konzert im „Schwan" Blankenfelde. Oft kamen beliebte Bands aus Berlin dorthin (wie auch „Engerling" und „Vulkan") und sie zogen eine Menge Fans aus Berlin und dem Umland an. Vom Bahnhof zum „Schwan" musste man etwa einen Kilometer laufen. Auf diesem Weg wurde teilweise randaliert und es fehlte an manchem Zaun die eine oder andere Latte. Das war der Gemeindeverwaltung ein Dorn im Auge, zumal sich oft die unliebsamen „Parka – Träger" in Blankenfelde aufhielten. Da kam es wohl gerade recht, dass der Saal baufällig war und deshalb gesperrt wurde. In der Folge wurde er gegen Ende der siebziger Jahre abgerissen und hinter der Gaststätte wurde dann ein relativ kleiner Jugendclub gebaut, der weder die Atmosphäre noch die Räumlichkeiten für adäquate Veranstaltungen der Vergangenheit bot. Außerdem vergingen ein paar Jahre, bis es dann soweit war.

Es kam also ein Vertrag mit „Engerling" zustande und die Gaststätte in Güterfelde war auch bereit für eine weitere Fete. Allerdings war die Hürde der polizeilichen Anmeldung zu nehmen. Ich fuhr also mit meinem Mokick S50 nach Potsdam, um dies zu erledigen und musste unverrichteter Dinge wieder umkehren, weil ich keine Genehmigung bekam. Was dann folgte war ein verbissenes Bemühen, die Veranstaltung doch noch zu retten. Ich versuchte es auf verschiedenen Wegen. So wollte ich als Student der Fachrichtung Polytechnik – die Fete war als Studienjahrestreffen deklariert – die Befürwortung des Studienjahresleiters einholen. (zu dem Termin kam Sabine, die Schwester von Thomas S. zur Unterstützung mit und wir redeten wohl wie ein Buch auf den Studienjahresleiter Sladek ein, doch ohne Erfolg). Auch die Idee einer kurzfristigen Zusammenarbeit mit örtlichen Jugendclubs brachte nichts. Alle Bemühungen scheiterten und die Fete musste kurzfristig abgesagt werden. Ich rechnete mit einer Vertragsstrafe durch „Engerling" und benachrichtigte alle Leute, die ihr Geld im Voraus eingezahlt hatten von dem Desaster. Zum Glück war der Manager von der Gruppe Gerd Leiser sehr einsichtig und verzichtete auf das Geld. Somit konnte ich die bereits eingezahlten Teilnahmebeiträge wieder zurückzahlen. Dieser Rückschlag trat im letzten Jahr meines Studiums an der HU in Berlin ein.

In diesem Zusammenhang erscheint es mir angebracht ein paar Worte zu der perfiden Bespitzelung in der DDR aus meiner persönlichen Sicht einzufügen. Wie aus meiner Stasi-Akte (mit ca. 60 Seiten Kopien) deutlich wurde, hat man bereits im frühen Jugendalter eine Akte über mich angelegt. Das ging mit banalen Dingen wie etwa abgefangenen Musikwünschen vom RIAS oder Radio Luxemburg los bis zu weiteren abgefangenen Briefen. In einem hatte ich unvernünftigerweise meine Unzufriedenheit mit dem Staat ziemlich freimütig ausgedrückt und geschrieben, dass ich Pazifist bin. In einem anderen Brief hatte ich einem Freund in Westberlin geschrieben, dass ich bei meiner bevorstehenden Westreise bei ihm übernachten wollte. Darauf versagte man mir die Reise zu einer Tante in Westberlin. Auf die Bespitzelung während der ersten Diestelmannfete bin ich schon eingegangen. Aus der Akte geht hervor, dass fünf IM über mich berichtet hatten. Ein Verhör nach einem Kneipenbesuch in der Wernesgrüner Bierstube, wo ein Spitzel mit am Tisch saß und die Polizei benachrichtigte, weil wir uns über ein Buch von Solschenizyn unterhalten hatten ist Bestandteil der Akte. Was alles noch vielleicht dem Reißwolf zum Opfer fiel, kann ich nur ahnen. Auch wenn das Meiste im Hintergrund ablief, war doch das Gefühl der Überwachung oft spürbar und manches Mal hatte man gewissermaßen den Zensor im Kopf weil es gefährlich war, sich freimütig zu äußern. Dieses Spannungsfeld führte nicht zuletzt zu den vielen Ausreisen. Ich wurde zwar überwacht, aber direkten Schaden hat man mir nicht zugefügt, wie das Anderen

ständig passierte obwohl auch in meiner Akte von Maß-
nahmen zur Verhinderung meines Studium zu lesen
war. Dass es dazu nicht kam war wohl hauptsächlich
dem Umstand zu verdanken dass die Organe im Verbor-
genen operierten und somit nicht offen ihre Spitzelei
zugeben konnten.
Nach den oben angeführten Verboten trat erst einmal
eine Pause für weitere Bluesfeten bis 1983 ein.

Ein neuer Lebensabschnitt beginnt für uns

Nach dem Abschluss des Studiums trat ich meine Stelle
als Lehrer für Polytechnik in Zossen an (das war eine
Kombination aus den Fächern Werken, Technisch
Zeichnen, Elektrotechnik und einem weiteren ungelieb-
ten Fach – ESP was so viel bedeutete wie Einführung in
die sozialistische Produktion). Dort erwartete mich ausgerechnet meine damalige Direktorin aus der Dahlewitzer Schulzeit, Frau Schirm, als Chefin. Ich wurde in diesen anderthalb Jahren nicht gerade glücklich an dieser
Schule und es gelang mir nach einigen Kämpfen den
Dienst zu quittieren.
Für mich war 1980 in doppelter Hinsicht eine neue Zeit
angebrochen. Einerseits trat ich ins sogenannte Berufsleben ein und andererseits änderte sich durch die Geburt von Johanna mein familiäres Leben. Nachdem Astrid und ich im Jahr 1979 ein Paar wurden, wurde Johanna im September 1980 geboren und fünf Jahre später
unser Sohn Leonard. Durch die Geburt unserer Tochter

und später unseres Sohnes wurde natürlich neben dem
Job die Familie Mittelpunkt unseres Lebens. Wir wohnten im ersten Lebensjahr von Johanna noch in zwei
Mansarden in meinem Elternhaus. Wir wollten hauptsächlich unsere Wohnsituation verbessern. Das war
aber unter den in der DDR herrschenden Verhältnissen
mit der staatlichen Wohnraumlenkung und der Gängelei durch die Behörden alles andere als einfach. Doch das
ist eine andere Geschichte.
Zur Zeit der nächsten Party wohnten wir mit unserer
Tochter in Dahlewitz in einer 2 Raum – Wohnung, die
wir 1981 beziehen konnten. Ich hatte nach meiner Laufbahn als Lehrer einen Halbtags – Job als Hausmeister
in örtlichen Kindergärten und baute nebenbei Weih-
nachtspyramiden – in unserem kleinen Land ein begehr-
ter Artikel. Und jetzt hatte ich auch wieder Lust mich
an die Organisation der nächsten Fete zu machen.

Dritte Diestelmannfete in Wassmannsdorf
11. Juni 1983

Wegen der Erfahrungen mit der letzten Party musste
ich es nun geschickt anstellen, die Behörden auszutrick-
sen. Dies gelang auch durch die Wahl eines neuen Kreises für die Fete. Waßmannsdorf ist ein kleiner Ort bei
Schönefeld und gehörte zum Kreis Königs – Wusterhausen.(heute LDS)
Um ganz sicher zu gehen, gewann ich Albrecht E. für die
Anmeldung, da mein Name doch „verbrannt" schien.

Wie ich meiner Erinnerungsmappe entnommen habe, war für die Fete zunächst die Thüringer Band „Travelling Blues" vorgesehen. Mit Dieter Gasde wechselte ich einige Briefe zur Abstimmung des Termins. Da die Band aber mindestens zwei Termine im Berliner Raum für die Veranstaltung brauchte und ich keinen zweiten Termin besorgen konnte, kam es zu keinem Vertrag. Die Transportkosten hätten wir allein nicht übernehmen können. Daher musste kurzfristig Ersatz her.

Glücklicherweise hatte Stefan Diestelmann noch einen Termin für uns frei. Zu dieser Zeit muss er bereits zunehmend bei den staatlichen Stellen der DDR in Ungnade gefallen sein. Er war zuerst der Vorzeige – Bluesmusiker der DDR schlechthin, bekam aber nach und nach weniger Auftrittsmöglichkeiten. Jedenfalls hatte er Zeit für uns und der Vertrag kam kurzfristig mit ihm zustande. Auch hier spielte er wieder mit Alexander Blume und dem Drummer Meyerdirks.

Neben dem Auftritt von Diestelmann gab es auch wieder im Anschluss eine Session. „Piano Schulze" war dabei und noch weitere Musiker aus unserem Freundeskreis. Einmal mehr hatte ich den Teilnahmebeitrag im Voraus kassiert und es kam genügend Geld zusammen, dass die Band bezahlt werden konnte (Stefan spielte zum Vorzugspreis von etwa 400,-M). Zusätzlich gab es für jeden der Gäste eine Bratwurst mit Kartoffelsalat und noch Freibier vom Restgeld. Bei einem Gespräch am Rande des Konzerts drückte Stefan mir gegenüber seine Sehnsucht nach der Atmosphäre bei Konzerten aus der Anfangszeit seiner Band aus. Später hat er in einem Song dieser Sehnsucht Ausdruck verliehen im *„Blues vom Blauen Club"*. In dem Lied ist sogar die Rede von dem kleinen „Nest" Waßmannsdorf und der Bluesgemeinde, die sich dort wiedertraf!

Stefan Diestelmann & Folk Bluesband Dietrich Petzold, Bernd Kleinow, Rüdiger Philipp

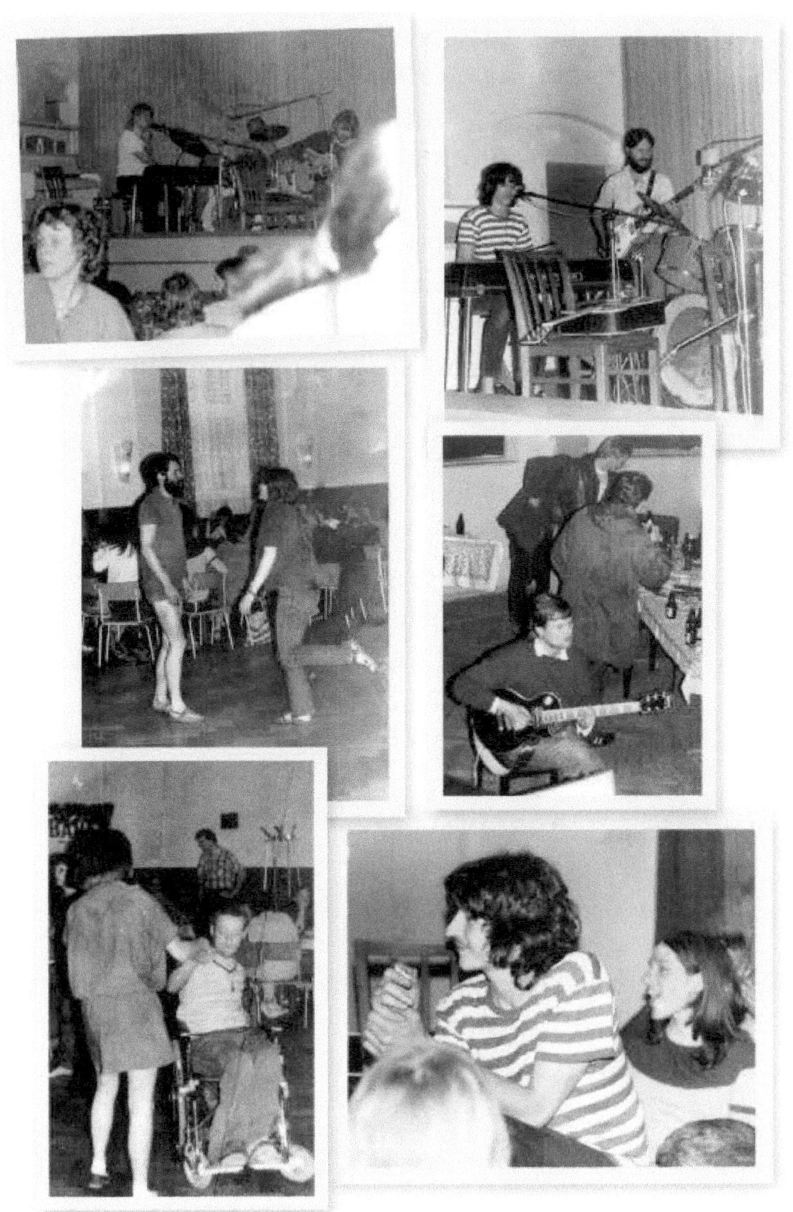

Auch in Wassmannsdorf „brannte die Luft"

Stefan Diestelmann kehrte bald darauf, als er zu einem Konzert in den Westen durfte, der DDR den Rücken und blieb dort. Er konnte dann „drüben" nicht an seinen „Ruhm" als Bluesmusiker anknüpfen, den er sich hierzulande erworben hatte. So machte er sich selbstständig in seinem alten Metier mit einer Werbefirma, obwohl er auch in dieser Zeit noch ab und an Konzerte auf dem Gebiet der ehemaligen DDR gegeben hat. Leider hatte ich davon nichts gewusst.

Eine spätere Kontaktaufnahme zu ihm wegen eines weiteren Konzerts bei uns habe ich zwar immer im Hinterkopf gehabt, doch kam sie nie zustande und als ich es dann versuchen wollte, war das Internetportal der Werbefirma, dessen Inhaber er war, geschlossen. Es dauerte einige Zeit, bis die Nachricht seines Todes mich erreichte. Eine traurige Angelegenheit war es allemal.

Konzerterlebnisse in den letzten Jahren der DDR

Und dann war mit den Blues – Partys wieder einmal eine längere Pause angesagt.

Erst im Jahr vor der Wende gelang es mir, eine Fete im etwas kleineren Rahmen im örtlichen Sportlerheim in Dahlewitz zu organisieren. Dort spielte Thomas **„Piano Schulze" mit Freunden am 03.12.1988** für uns. Das war dann die letzte Party vor dem gesellschaftlichen Umbruch.

All das gehörte zu unserem Leben und es wundert nicht, dass wir den Ausgleich auch im Blues sahen und im Zusammensein mit unseren Freunden, denn es reisten ja zum Glück nicht alle aus und wie wir zur damaligen Zeit nicht wissen konnten, war die verhasste Grenze bald offen und manche der Ausgereisten kamen zurück, doch wenigstens konnte man sich gegenseitig dann besuchen. Aber um beim Blues zu bleiben oder beim Rock und ähnlichen Musikrichtungen – es kann gesagt werden, dass wir in der DDR nicht gerade üppig versorgt wurden mit internationalen Stars. Und wenn dann doch derartige Konzerte stattfanden, gab es nicht viel Publicity. Durch Mund – zu – Mund Propaganda erfuhr man aber trotzdem meist von solchen Ereignissen. Zudem gab es dann die Schwierigkeit, an die begehrten Eintrittskarten zu kommen. Aber trotz der Schwierigkeiten gelang es mir aber für einige der Konzerte Eintrittskarten zu bekommen. Ohne jetzt die genaue zeitliche Abfolge noch im Kopf zu haben fallen mir zunächst Blueskonzerte ein: Da war z.B. John Mayall im Kino „Kosmos", Johnny Mars irgendwo in Potsdam, Memphis Slim im „Palast der Republik" (dabei als Vorgruppe war auch Stefan Diestelmann und er stand dann auch gegen Ende des Konzerts gemeinsam mit Memphis Slim auf der Bühne).
Doctor Ross „*The Harmonica Boss*" spielte im Kino „International" und es war nicht an Karten zu gelangen. Also ging ich mit Wilfried L. in den davor laufenden Film und nach Ende drückten wir uns in der Toilette herum

und schon waren wir „drin" und konnten dieser „One Man Band" lauschen.

Das erste Konzert einer Rockgröße, welches ich besuchte, war das Konzert von Bob Dylan im September 1987 im Treptower Park. Ich fuhr dorthin gemeinsam mit Angelika, meiner Schwägerin, in unserem Trabi. Als wir ankamen, waren die Konzerte schon im Gange. Als Vorgruppen spielten *„Tom Petty & Heartbreakers"* und die *„Thunderbyrds"* mit Roger McGuinn. Wir platzierten uns im hinteren Drittel und ich hatte einen Hocker dabei und ein Fernglas – das nützte aber auch nicht viel. Der große Meister kam natürlich als Letzter und er legte sicher ein ziemlich perfektes Konzert hin, doch wie es seine Art war und ich es in späteren Konzerten wieder erleben durfte, legte er keinen Wert auf Interaktion mit dem Publikum. Er lieferte ab und ging noch dazu ohne Zugabe. Jedenfalls waren die Fans ziemlich enttäuscht. Die Konzertarena war dicht gefüllt und die Sicherheitsmaßnahmen reichten für ein so großes Event wohl kaum aus. Es ist schon ein Wunder, dass nichts Ernsthaftes passiert ist, denn im vorderen Bereich gab es wohl ein großes Geschiebe und Drängeleien. Nicht anders war es beim Verlassen des Geländes und auf dem Weg zum Bahnhof musste ein Tunnel passiert werden. Duisburg lässt grüßen. Weitere Konzerte fanden auf der Insel der Jugend in Treptow statt. Denkwürdig war für mich, als Kevin Coyne dort auftrat. Ihn kannten ja nicht so viele, doch trotzdem strömten viele Fans dorthin und wie das so üblich war kamen sie auch aus entfernteren Regionen unseres Landes. Wie ich kürzlich in dem Buch

„*The Crazy World of Kevin Coyne*" las, hat dieser außergewöhnliche Musiker sich nach diesem Konzert mit Stasi-Spitzeln angelegt und daraufhin seine Gage in Ostmark bei der Ausreise aus dem Autofenster geworfen. Ich bin jedenfalls froh, dass ich ihn mit Astrid in sechs Konzerten erleben durfte und tatsächlich auch sein letztes Konzert in Erfurt besucht habe, denn kurz darauf erlag er seiner Krankheit. (einer Lungenfibrose die ihn schon seit einiger Zeit beeinträchtigt hatte, so dass er seine letzten Auftritte mit einem Atemgerät absolvieren musste)

An einem anderen Tag war dort auf der Insel der Jugend John McLaughlin zu Gast. Die Tickets waren im Vorverkauf weggegangen und vielleicht gab es noch wenige Karten an der Abendkasse. Wir hatten auch keine Karten und standen mit hundert oder mehr Leuten auf der Brücke, die auf besagte Insel der Jugend führte. Da bekamen die Veranstalter wohl „Muffensausen" und fürchteten, die Brücke würde einstürzen oder die Fans würden die Insel stürmen. Also gaben die Verantwortlichen nach und ließen alle passieren, sogar ohne Eintritt. Es war ein wunderbares Konzert. Fast alle Besucher saßen auf dem Rasen vor der Bühne und lauschten ergriffen den Klängen.

Roger Chapman mit seiner Band „*Shortlist*" durfte ich auch zweimal während der ablaufenden Zeit der DDR erleben. Einmal überließ mir Arnulf B., der in Rostock studierte, seine Karte. Ich machte mich allein auf den Weg nach Rostock und es wurde ein heißes Konzert (und nicht nur durch die sommerlichen Temperaturen).

Das andere Konzert von ihm war weniger „heiß". Es fand im Metropol – Theater statt, dem heutigen Admiralspalast. Das war irgendein FDJ – Ding und die Karten gingen deshalb überwiegend an diese Jugendorganisation und zur Hälfte wurde ein Kulturprogramm geboten, das überhaupt nicht mit „*Chappo*" harmonierte, der zu diesem Zeitpunkt gerade seinen Hit "*Shadow on the Wall*" hatte. Deshalb fieberten alle dem Auftritt des Stars entgegen, wohl auch die FDJler. Im Anschluss gab es dann noch ein Konzert von Chapman in reiner Form. Allerdings war da kein Reinkommen. Da nützte es auch nichts, dass ich einige West – LPs zum Tausch gegen Karten angeboten habe. Dann gab es noch „*Santana*" im „Palast". Für das Konzert musste ich mich mehrere Stunden vor Öffnung der Theaterkasse anstellen und ich war nicht der Erste. Vor einiger Zeit habe ich einen Live – Mitschnitt dieses Konzerts im TV gesehen, mich aber nicht im Publikum entdeckt. Das waren die Highlights, aber neben den genannten Stars gab es natürlich auch einige einheimische Blues – und Rockgruppen, zu denen wir gern hingingen. Neben den Dorfgaststätten mit Tanzsaal waren wir auch des Öfteren in Ostberlin unterwegs (wo denn sonst? Westberlin war schließlich ummauert) In Treptow an der Insel der Jugend lag ein ausgemusterter Dampfer und dort fanden regelmäßig Konzerte in relativ kleinem Rahmen statt, man musste nur hereinkommen, denn die Schlange, die sich davor bildete, war lang. In Treptow gab es auch einen Jazzkeller, der auch eine gute Adresse war, ebenso die „Kleine Melodie" im alten Friedrichstadtpalast. Auch dort gab es öfter Jazzkonzerte. Dann war da noch das „Haus der Jungen Talente" mit interessanten Veranstaltungen, um nur ein paar zu nennen. Es gab auch Freunde, die in größerem Rahmen unterwegs waren, denn vor allem in Thüringen oder Sachsen gab es eine ausgeprägte Blues-Szene. Dort fuhren sie dann zu Konzerten nach der Arbeit am Freitag und mussten Montag morgens wieder in ihrem Betrieb sein.

Dies alles spielte sich also im letzten Jahrzehnt der DDR ab. Kulturell gab es in diesem Staat schon immer Höhen und Tiefen. Das Politbüro gab die Richtlinien heraus, nach denen die Kulturpolitik sich ausrichten musste. Neben Zensur und Auftrittsverboten für einheimische Bands gab es aber auch das andere Phänomen, dass man internationale Bands in engen Grenzen ins Land ließ (das war schon deshalb nicht so oft möglich, denn Devisen waren knapp und für Ostmark spielten die wenigsten Bands) um auf diese Weise vielleicht ein Ventil für die Unzufriedenheit der Jugend zu schaffen. Allerdings erwies sich das als unzureichend und zu spät, wie wir dann gesehen haben.

Die Zeit der *Wende* bringt große Veränderungen

Wie bereits erwähnt, kündigte sich der Umbruch in der DDR bereits in den mittleren 80er Jahren an, obwohl man das zu jener Zeit nicht glauben mochte. Es war in unserem Freundeskreis eine immer größere Unzufriedenheit mit den gesellschaftlichen Verhältnissen spürbar. Das manifestierte sich auch in der steigenden Zahl der Ausreiseanträge. Von unseren Freunden verließen uns nach und nach Martin, Wilfried, Thomas S., Thomas Sch., Dirk, Albrecht und Beate sowie Sebastian und Renate gen Westen. Ich selbst hatte zwar ebenfalls die Nase voll von der Gängelei durch staatliche Stellen und von der Unfreiheit, wollte jedoch selbst keinen Ausreiseantrag stellen, denn ich fühlte mich verantwortlich für meine kranke Mutter, der ich die Konsequenzen nicht zumuten wollte.

Unsere persönliche Wohnsituation hatte sich nach der Geburt unseres Sohnes Leonard im Jahr 1985 in der enger werdenden 2 – Zimmerwohnung verschärft. An eine Wohnraumzuweisung durch die Gemeinde war nicht zu denken, trotz aller Bemühungen und Eingaben. Bei der Ausreise von Beate und Albrecht hatten wir die Chance, ihr Gagfah – Haus in Blankenfelde zu kaufen und hatten sogar eine notarielle Genehmigung dafür. Wir zogen mit Sack und Pack in das Haus und nach drei Wochen wieder zurück, weil man uns mit hohen Zwangszahlungen drohte. Stattdessen sollte ein Berufsoffizier in das Haus einziehen. Das war alles viel komplexer und dramatischer als es sich an dieser Stelle mit drei Sätzen ausdrücken lässt und es hat sehr an unseren Nerven gezerrt, insbesondere Astrid hatte daran schwer zu tragen.

Erst ein Jahr nach der Wende bekamen wir dann eine 3-Zimmerwohnung in dem Haus, welches wir später dann kaufen konnten.

Ein paar Jahre vor der Wende war ich quasi aus dem Postauto ausgestiegen, mit dem ich für einige Zeit die Schließanlagen in Dahlewitz und Blankenfelde mit Post und Zeitungen bestückt hatte und war zum Landfilm übergewechselt. Angelika H., eine Bekannte, hatte mir den Tipp gegeben und ich meldete mich für einen Lehrgang an, um die Berechtigung als Filmvorführer zu erwerben. Nach der Prüfung im Babelsberger Kino „Thalia" konnte ich dann über die Kreisfilmstelle in Wünsdorf im Landfilm anfangen. Das bedeutete zunächst, mit einer transportablen Anlage über die Dörfer zu ziehen und Filme vorzuführen. Die Anlage war eine TK35 von Zeiss, die bis in die 60er Jahre hergestellt wurde. Bestehend aus zwei Projektoren und den zugehörigen Stativen und einem Zubehörkoffer plus Filmrollen und Leinwand brachte die Anlage einiges auf die Waage. Im Landfilm gab es mehrere Anlagen, die meist separat an die Veranstaltungsorte geliefert wurden. Mein Job war dann der Aufbau und die Vorführung der Filme.

Besonders gut besucht waren die Filme westlicher Herkunft. Es dauerte immer eine ganze Weile nach dem Start der Filme im Westen, bevor sie bei uns ankamen. Dazu gab es nur wenige Kopien und in der Provinz wurden die Streifen dann nochmal später gezeigt. In dieser Zeit habe ich unter vielen anderen „Jenseits von Afrika", „Excalibur" und „Otto – Der Film" gezeigt. Die Dörfer hießen z.B. Großbeuthen, Ruhlsdorf und Dornswalde. Ein anderes Kapitel waren die Zelt – oder Sommerkinos, die oft an einem See lagen und in denen dann auch die Kinder der zahlreichen Ferienlager Filme schauen konnten. Ich hatte das Vergnügen, in Kallinchen eine Saison das Kino am Motzener See zu betreuen. Nach dieser Saison war es dann soweit, dass ich zum Kinoleiter in Mahlow wurde, denn der bisherige Kinoleiter Herr Segelitz wollte sich einfach nicht verabschieden von „seinem" Kino (er war bestimmt schon 70 oder älter als es so weit war).

In diese Zeit fiel dann die Wende und ich muss innehalten und mich zurückbesinnen an den November 1989 und speziell an den 9. November. An jenem schicksalsträchtigen Datum wurden in der Pressekonferenz von Günter Schabowski die neuen Reiseregelungen für die DDR verkündet. Auf Nachfrage, ab wann die Regelung in Kraft tritt, sagte er „meines Wissens ab sofort" und damit hatte er den Startschuss zum Fall der Mauer gegeben. Noch am selben Abend gab es die Bilder von der Bornholmer Straße und anderen Grenzübergängen, die um die Welt gingen. „Wahnsinn" war ein in der Folge oft gebrauchtes Substantiv. Ich selbst kann mich an den Abend des 9. November partout nicht richtig erinnern. Jedenfalls meine ich, nach der Tagesschau nicht allzu spät zu Bett gegangen zu sein, weil ich am nächsten Morgen recht früh die neuen Filmkopien in Zossen in Empfang nehmen musste, die dort wöchentlich im Filmlager angeliefert wurden. Der Fahrer des Transporters mit den Filmen berichtete schon vom Ausnahmezustand an den Grenzübergängen. Um mich in das Getümmel an den Grenzübergängen zu stürzen, war auch nicht die Zeit. Schnell sprach sich herum, dass man in den ersten Tagen einfach ohne Kontrolle nach Westberlin gelassen wurde. Astrid, die Kinder und ich fuhren dann am 11.11. mit unserem Trabi 601 nach Lichtenrade und wurden von einem Berliner zur U – Bahn mitgenommen. Dann haben wir Martin V. in Schöneberg besucht, der an diesem Tag Geburtstag hatte. Mit der Öffnung der Grenze war zumindest ein wesentlicher Wunsch erfüllt, den die meisten Menschen in der DDR hatten: Reisefreiheit. Wie die Regelungen dann später umgesetzt werden würden, konnte man nur erahnen. Manch einer fürchtete, dass es bald wieder vorbei sein würde mit der Grenzöffnung. Diese Befürchtung hatte ich nicht.

Kurios war, dass ich erst wenige Tage zuvor durch eine genehmigte Besuchsreise zum Geburtstag einer Tante für ein paar Tage in Westberlin war, und ich die Großdemonstration auf dem Alexanderplatz am 4. November von der anderen Seite erleben durfte bzw. das, was durch die Medien davon herüber schwappte. Da zeichneten sich für mich schon große zu erwartende Veränderungen ab, doch die volle Tragweite konnte ich zu diesem Zeitpunkt und auch nach der formalen Grenzöffnung erst langsam begreifen. Dann trat also die Wende ein und auch die Kinolandschaft der ehemaligen DDR wurde in Windeseile völlig umgekrempelt und es folgte ein massives Kinosterben. Schöne Kinosäle in unserer Umgebung mussten schließen. In Rangsdorf wurde das Kino, das seit einiger Zeit rekonstruiert worden war, gar nicht erst wiedereröffnet. In Zossen wurde der Kinosaal wieder zur Gaststätte „Weißer Schwan" am Nottekanal. Einzig in Trebbin und Teltow überlebten die Kinos noch eine Weile. Leider musste auch „mein" Kino in Mahlow daran glauben, indem die Treuhand es abwickelte. Als letzten Film habe ich dort „Werner Beinhart" gezeigt. Beinhart eben! Einer Übernahme durch mich und andere Kinoleiter wurde schnell eine Absage erteilt. Auch ein Ehepaar aus dem Harz, das Interesse am Mahlower Kino zeigte, hatte kein Glück mit seinen Plänen. Anstelle der Kinos wurden dann zahlreiche Videotheken eröffnet, die nun in neuerer Zeit wiederum den Streamingdiensten zum Opfer fielen.

Die Konsequenz aus den Ereignissen war jedenfalls, dass ich mich 1991 in beruflicher Hinsicht neu orientieren musste. Hier kam mir mein abgeschlossenes Pädagogikstudium zugute und ich bekam eine ABM – Stelle als Jugendsozialarbeiter. Nach dem Beginn meiner Tätigkeit in der maroden Schulwerkstatt in Blankenfelde, in der kurzzeitig ein Club für die Jugend entstanden war, unter Leitung von Cesira E., musste der Club in ein Einfamilienhaus in Glasow umziehen, weil das andere Gebäude bald abgerissen werden sollte. Da Cesira andere Pläne hatte, übernahm ich die Leitung der sogenannten „OASE". In dieser Zeit hatte ich mit der Orientierungslosigkeit der Jugendlichen und der Hinwendung vor allem zu rechten Gesinnungen zu tun. Dies äußerte sich auch in Gewaltbereitschaft, Zerstörungswut und anderen unliebsamen Erscheinungen. Auch wieder ein anderes Kapitel.

Aber es war bereits nach einer Verlängerung und dem Auslaufen der Förderung für meine Stelle, nach vier Jahren Schluss für mich und ein anderer Verein erhielt die Trägerschaft des Hauses. Ein persönlicher Vorteil war, dass ich mich während dieser Zeit berufsbegleitend innerhalb von zwei Jahren zum Sozialarbeiter an der Sozialakademie Wansdorf qualifizieren konnte.

Bluespartys in der Nachwendezeit

Aber wie ging es weiter nach der Wende mit den Bluesfeten? Jedenfalls hatte ich keineswegs die Lust verloren, weitere Partys im altbewährten Rahmen zu organisieren. Nach der Wende hatte aufgrund der nun vielfältigen neuen Möglichkeiten im Freizeitbereich das Interesse an den Bluespartys etwas nachgelassen. Es ergab sich durch die Bekanntschaft mit Lars G. eine kurzzeitige Zusammenarbeit, durch die weitere Besucher aus dem Freundeskreis von Lars dazu kamen. Dadurch verminderte sich auch das Risiko für mich, dass die Einnahmen durch den Verkauf der Eintrittskarten nicht die Gage der Band sowie die Extras in Form von einem kleinen Imbiss und etwas Freibier und freiem Wein decken würden. Leider hatte Lars im Jahr 1996 einen Sportunfall beim Handball, wodurch er viel zu früh verstarb.

Die erste Bluesfete nach der Wende fand am **5. Juli 1991 im Sportlerheim in Dahlewitz statt (Bernd Kleinow mit einem „Special Guest")** Wer dieser Special Guest war, ist leider nicht mehr herauszubekommen denn es existieren auch keine Fotos.

Am **29.August 1992** stieg die nächste Party in **Rotberg**. Dort gab es einen Landgasthof mit einem schönen Saal und es trat nochmals **„Piano Schulze"** mit dem Schlagzeuger Dirk Höseler auf, der auch einen Special Guest mitgebracht hatte. Das war der **Saxofonist Paul Griesbach** der aus den USA kam. Auch hier gab es wieder eine kleine Session im Anschluss.
An dieser Stelle soll von einem Unfall die Rede sein, der im Anschluss an die Fete passiert ist. Drei Fetenbesucher befanden sich auf dem Nachhauseweg nach Berlin mit dem Trabant vom „Prinz", als das Unglück geschah. Zumindest haben alle überlebt und das war dem Mundharmonikakoffer vom Prinzen zu verdanken auf dem Jimmy beim Überschlag des Autos mit dem Kopf landete. Alle waren auch wieder bei weiteren Bluesfeten zu Gast.

Die nächste Bluesparty organisierte ich zusammen mit Lars, und zwar am **30. April 1993** in der Glasower Gaststätte **„Rädler"**. Die Musik machten **Bernd Kleinow** (Mundharmonika ehemals bei Stefan Diestelmann) und **ST (Gitarre und Gesang)**. Von diesem Konzert existierte sogar ein Live-Mitschnitt auf Video aufgenommen von Norbert L. Das Video ist leider verschollen aber wie ich mich erinnere war die Gaststätte gut gefüllt und wir hatten wieder mal Spaß am Blues.

Noch einmal haben wir am **07.10.1995** im Sportlerheim Dahlewitz mit Live – Blues gefeiert. Es waren neben Thomas **„Piano Schulze & Freunde"** auf den Fotos noch Uwe Schneider, Holger Daske, Andreas Teuber (später auch als „Prince of Harp" bekannt), Klaus Ricken und wohl sein Bruder (spätere Auftritte als „Ricken Brothers" und „Lizard King") zu sehen.

Als Nächstes trafen sich die Bluesfreunde ein weiteres Mal am **01. Juni 1996 in der Gaststätte „Rädler"** und wieder spielten **„Piano Schulze & Freunde"** für uns nach altbewährtem Muster: Vorheriges Einsammeln des Eintrittsgeldes (inzwischen 20 DM), Spaß haben bei Musik, Tanz, Gesprächen, Bier, Wein, Bockwurst ...

Fotos von zwei Partys im Sportlerheim Dahlewitz und in der Gaststätte „Rädler" in Glasow – Musiker u.a. Piano Schulze, Prince of Harp, Uwe Schneider, Holger Daske, Klaus Ricken

Kasi, Ulli und Karsten

Nach diesen Events gab es eine längere Pause von mehr als vier Jahren. Deshalb wurde vorläufig zum letzten Mal in Glasow am **06. Mai 2000 mit den „Crazy Dogs"** gefetet. Geplant war die Party eigentlich mit Rick Howard, einem schwarzen Drummer und Sänger, der zusammen mit der Berlin Bluesband bei uns auftreten sollte. Kurz vorher rief der Manager und zugleich Gitarrist Alex Hadlich an und teilte mit, dass Rick Howard verschwunden sei und somit nicht bei uns auftreten würde. Da alle bereits eingeladen waren, musste ich den Ersatz in Form der „Crazy Dogs" akzeptieren. Neben Alex Hadlich war noch Tom Blacksmith an der Bassgitarre zu hören. Die Band spielte dann auch einen fetzigen Bluesrock, doch leider nur etwa zwei Stunden und die Fete war bereits vor 24 Uhr entgegen unserer Gewohnheit vorbei. Dies enttäuschte einige Besucher, die teilweise von weither angereist waren, spät kamen und deshalb kaum etwas von der Fete hatten. Spät kam auch Christian, der wegen einer Querschnittslähmung an den Rollstuhl gefesselt ist. Er war auch schon einmal in Waßmannsdorf dabei. Es tat mir leid, doch im Vertrag mit der Band stand, dass zwei Sets à 50 Minuten gespielt werden sollten. Da Alexander Hadlich, der Chef der Band, sich auch noch mit einer starken Erkältung quälte, war ein Versuch die Band zum Weiterspielen zu animieren vergeblich. Tom Blacksmith übrigens konnte ich später noch in verschiedenen Formationen hören und er begeistert durch sein durchaus eigenwilliges Gitarrenspiel. Er trat z.B. mit Eb Davis Superband im Quasimodo auf und auch in Ludwigsfelde bei „Live in Lu" war er schon zu Gast.

„Crazy Dogs" bei „Rädler"

Die Konzertreihe in der Gaststätte „Zur Eiche"

Die Historie der privat organisierten Bluespartys kam damit zunächst zum Erliegen. An deren Stelle trat für einige Zeit die Konzertreihe in der Blankenfelder Gaststätte „Zur Eiche", die von Thomas Schulze organisiert wurde. Daher ist es an der Zeit, ein paar Worte zu „Piano" Schulze zu sagen. Thomas kam aus Blankenfelde und war seit Langem in meinem Freundeskreis. Erstmalig hatte ich seine musikalischen Qualitäten bei unserer ersten Diestelmannfete in Glasow zur Kenntnis genommen. An diesem Abend gab es in der Konzertpause eine kleine Session mit ihm und Andreas H. an der Mundi. Ich kann mich noch erinnern, dass sie „Blue Suede Shoes" spielten. Sein Können steckte damals noch in den Kinderschuhen. Aber offensichtlich brannte er für das Thema Blues und Boogie-Woogie. Schon bald gab er ein Konzert in der Blankenfelder Aula der Dorfschule. Als Musiker dabei waren weitere Freunde von uns. Bereits 1986 gründete dann „TPS", wie er sich in seinem eigenen Boogie nennt, seine „Piano Schulze Boogie Band". Eine feste Größe in der Band ist sein Drummer Dirk Höseler. Im Übrigen spielte er schon mit sehr vielen anderen Musikern zusammen.

Irgendwann im Herbst 2004 besuchten uns Thomas „Piano" Schulze und sein Bruder Charlie mit Spitznamen *Kokillenzange* in der Feldstraße. Seinen Spitznamen bekam er, weil er in einer Kunstschmiede im Berliner Osten einige Zeit gearbeitet hatte und mit ebendieser dort zu tun hatte. Das fanden seine Kumpels witzig und verpassten ihm den Namen.

Den Bruder kannten wir auch aus dem weitgefächerten Freundeskreis und Astrid hatte ihm dereinst das Saxofon ihres Vaters verkauft. Leider hatten wir nie die Gelegenheit ihn darauf spielen zu hören.

Thomas „Piano" Schulze wollte in der Blankenfelder „Eiche" eine Veranstaltungsreihe etablieren.

Es gab dann auch im Zeitraum 2004 bis 2007 insgesamt fünf öffentliche Konzerte, in denen „Piano Schulze" mit dem Drummer Dirk Höseler und jeweils anderen bekannten Bluesmusikern auftraten. Dazu hat er mich um Mithilfe gebeten, die darin bestand, den Bekanntenkreis zu informieren und ein paar Plakate in unserer Umgebung zu platzieren.

Die erste Session fand am **13.11. 2004 mit TPS und Bernd Kleinow** statt. Just am nächsten Tag hatte ich zufällig Geburtstag und um Mitternacht bekam ich einen Birthday – Blues als Geschenk. Das hat mich sehr gefreut. Bernd Kleinow war schon mehrmals bei uns zu Gast, zuerst mit Diestelmann und dann in anderen Besetzungen und nun auf der Bühne der „Eiche". *(Kürzlich haben wir ihn in Rangsdorf bei einem „Wohnzimmerkonzert" im Café „Pausenplätzchen" wiedergesehen, wo er mit Alexander Blume im Duo gespielt hat. Bernd hat sich tatsächlich gefreut uns dort zu sehen, denn wir sind schon fast Fossile aus seiner Anfangszeit als Musiker und er hat uns mit seiner Mundi immer wieder erfreut)* Neben ihm war noch Paul Griesbach (Saxofon) in der „Eiche" dabei. Er ist in San Francisco aufgewachsen und lebt seit den 80er Jahren in

Berlin, wie so einige amerikanische BluesmusikerInnen. (z.B. Kat Baloun, Eb Davis, Henry Heggen) Wie ich mir vorstellen kann, ist es in den USA weit schwieriger als Blues – Musiker zu existieren und deshalb ist Berlin ein gutes Pflaster für sie.

Bernd Kleinow

Paul Griesbach

Schon im **April 2005** gab es die nächste Session im Saal der Gaststätte. Diesmal spielten **Blues Rudi & Igor Flach** zusammen mit „**Piano Schulze**" für die Besucher des Konzerts. Erstgenanntes Duo hat schon als Vorgruppe für Canned Heat, die Yardbirds, Louisiana Red und andere gespielt. Auch sind sie begehrte Studiomusiker und sind auf zahlreichen Veröffentlichungen zu hören. Leider starb Igor Flach schon 2008 viel zu jung.

Blues Rudy

Igor Flach

Christiane Ufholz war die nächste Blues – und Jazz-größe die Thomas nach Blankenfelde holte. Das Konzert fand im **Oktober 2005** statt. Christiane Ufholz hatte in ihrer Laufbahn bereits mit vielen bekannten Musikern als Sängerin getourt so z.B. mit Klaus Renft, Hansi Biebl, Klaus Lenz und Manfred Krug, um nur einige zu nennen. Wir konnten ein weiteres Konzert mit ihr in Reitwein erleben. Sie starb kürzlich im Januar 2023.

Der vierte im Bunde war **„Big Joe Stolle", der** sich im **März 2006** die Ehre gab. Dieser Musiker war zur Zeit des Konzerts schon dreißig Jahre unterwegs in Sachen Blues, Boogie-Woogie und Swing. Man kennt ihn vielleicht auch durch seine Band „Zenit" und man glaubt es kaum, aber im letzten Jahr konnte ich ihn noch einmal hören bei dem Festival „Blues am Rand". Da spielte er dann auch einen alten Blues – Klassiker von Chuck Berry - *„Johnny B. Goode", aber* mit deutschem Text: „Wo, wo, wo- wo sind die Jahre nur hin" - wie es darin hieß. Wohl wahr!

Am **18. November 2007** schließlich gab es in der Blankenfelder „Eiche" ein Konzert mit „**Monokel feat. Piano Schulze**". Nicht nur für die Gaststätte, die für ihren bayerischen Touch bekannt ist, sondern auch für unsere Region waren die Konzerte eine Bereicherung. Während es sonst immer private Bluesfeten gab, boten diese öffentlichen Veranstaltungen den Rahmen für Treffen unseres Freundeskreises. So war das Konzert mit Tanz von Speiches Monokel ein Highlight. Der Saal war sehr gut gefüllt, die Stimmung war gut und es wurde getanzt. So mancher der Anwesenden war auch schon bei unseren ersten Feten dabei. In lockerer Folge kann man bei solchen Gelegenheiten immer mal wieder Freunde treffen, die man lange Zeit nicht gesehen hat. Andere wiederum sind nahezu Stammgäste und lassen kaum ein Konzert aus. Mehr oder weniger kann man sagen, dass es sich um eine verschworene Blues – Gemeinschaft handelt, die über die Jahre zusammengewachsen ist. Damit war dann erst einmal Schluss mit dieser Konzertreihe. Inzwischen gibt es in dieser Gaststätte leider nur Disco Ü40, die es sich weniger lohnt zu besuchen. Allerdings gibt es dort einen schönen Biergarten, den unser Freundeskreis des Öfteren für Treffen nutzt.

**Oben: Christiane Ufholz feat. Piano Schulze
Unten: Monokel – Freunde beim Konzert**

Unser Leben in der Nachwendezeit

Auf dem Papier ist es leicht in die damalige Zeit zurück-
zuspringen und diese Möglichkeit will ich an dieser
Stelle nutzen, weil ich in der Geschichte der Blueskonzerte bereits im Jahr 2007 angelangt war. - Als wir das

Jahr 1991 schrieben, war schon der Übergang vollzogen in eine größere Republik mit 16 Bundesländern. Die Rufe „Wir sind das Volk" waren schnell in die Losung „wir sind ein Volk" umgeschlagen und Helmut Kohl versprach für die ostdeutschen Länder „blühende Landschaften". Die Siegermächte hatten der Einheit zugestimmt und die anfängliche Anarchie wurde langsam unter Kontrolle gebracht. Glücksritter aus dem Westen erschienen und Beamte wurden geschickt, um den Ossis zu zeigen, wie es geht. Die Treuhand verscherbelte die Konkursmasse der DDR und die Arbeitslosigkeit im Osten erreichte ungeahnte Höhen.

In diesem Kontext ging für uns das Leben weiter. Ich war dann auch nach dem Ende meiner vierjährigen Tätigkeit im Jugendfreizeithaus „Oase" arbeitslos. Unsere vierköpfige Familie ist 1991 in ein Haus in der Feldstraße in Dahlewitz eingezogen. Dort bewohnten wir das Erdgeschoss mit drei Zimmern, Küche und einer Veranda. Nach einiger Nerverei durch den Eigentümer aus Westberlin, der das Haus mit seinem Bruder aus Ostberlin zusammen rückübertragen bekommen hatte und uns gern daraus vertrieben hätte, erhielten wir die Gelegenheit zum Kauf. Ich nutzte die Zeit der Arbeitslosigkeit, um Renovierungsarbeiten am Haus durchzuführen. Auch Johanna und Leonard konnten sich nun über ihr eigenes Zimmer freuen. Die Zeit in der Feldstraße war insgesamt eine schöne Zeit für unsere Familie. Der große Garten bot viel Raum für die Gestaltung, die Astrid als „Fachfrau" überwiegend übernommen hat. Zudem konnten wir auch im Garten unsere Freunde und die Familie für viele Feste einladen und ich konnte oft für die musikalische Umrahmung sorgen. Unter unserem riesigen Schirm fand so manche Fete statt.

Nach der Zeit in der „Oase" bekam ich dann eine Stelle im Kinder – und Jugendhaus des ASB in Königs Wusterhausen. In den mehr als zehn Jahren meiner Tätigkeit dort war ich Beauftragter für Freizeitaktivitäten im Haus, aber vor allem als Erzieher im Schichtdienst tätig. Weil die Arbeitszeiten im Heim kompakt waren, d.h. es wurde teilweise 16 Stunden am Stück gearbeitet oder das gesamte Wochenende, gab es zwischen den Diensten oft mehrtägige Lücken. Dadurch war es auch möglich kleine Kurzurlaube zu machen, die auch von uns genutzt wurden um Rock – oder Blueskonzerte zu besuchen oder eben selbst diese Konzerte zu organisieren. Auch wenn ich dieses Kapitel in aller Kürze abgehandelt habe, möchte ich noch darauf hinweisen, dass dieser Job mir eine Menge abverlangt hat. Ich musste dabei mit vielen Problemen umgehen, die die Kinder und Jugendlichen davon abhielten im Elternhaus aufzuwachsen. Wie man sich vielleicht vorstellen kann, war das nicht immer leicht. Doch das ist eine andere Geschichte.

Freunde

Im Laufe der Zeit hat sich unser Freundeskreis verändert. Wie bereits erwähnt, waren durch Ausreiseanträge einige Freunde vornehmlich nach Westberlin gegangen, andere wohnten nun in Ostberlin, auch schon vor der Wende. Jetzt war es zwar wieder möglich, alle zu sehen, doch sahen wir uns durch die räumliche Ferne jetzt eher selten (z.B. bei den Bluesfeten). Freunde aus der Region blieben zwar, doch wurden auch neue Freundschaften geschlossen. Zu anderen Freunden wiederum, verblasste der Kontakt.

Astrid und ich hatten mit der Wende zwei halbwüchsige Kinder und so ging es auch anderen Freunden. Daher trat die Familie mehr in den Vordergrund und man hatte nicht so viel Zeit für seine Freunde wie bisher. Jedenfalls bildete sich zu Beginn des neuen Jahrtausends bei uns ein stabiler Freundeskreis heraus, der im weiteren Verlauf zu unserer „Wandergruppe" wurde. Die Idee wurde geboren auf einer Dampferfahrt von Erkner nach Rüdersdorf, wo wir die Steinbrüche besichtigen konnten. Dieser Freundeskreis besteht schon seit vielen Jahren und setzt sich aus sechs Paaren zusammen (Bärbel und Ewald, Birgit und Martin, Renate und Sebastian, Petra und Karsten, Karin und Heiner, Astrid und Ingolf). Über die Jahre ist eine beachtliche Chronik unserer Treffen zustande gekommen, die ich in Form einer Dia – Show erstellt habe. Die regelmäßigen Treffen sind z.B. Geburtstagsfeiern, die meist mit einer Wanderung verbunden sind oder Osterfeuer, die bei Karin und Heiner auf ihrem großen Grundstück, einer ehemaligen Gärtnerei in Dabendorf, entzündet werden. Seit Jahren finden auch Paddel – Wochenenden im Frühsommer mit ein bis zwei Übernachtungen in landschaftlich reizvollen Gebieten wie Spreewald oder im Gebiet der Müritz statt. Wenn uns der Wettergott nicht gnädig ist, bleiben die Boote im Hafen und wir unternehmen Fahrradtouren. Darüber hinaus verbringen wir den Jahreswechsel zusammen an verschiedenen Orten, auch mit Übernachtung. Musik spielt innerhalb diese Freundeskreises nicht die zentrale Rolle aber wir haben auch gemeinsam das Festival „Blues am Rand" besucht und zu den Osterfeuern und in der „Oberwelt" von Heiner gibt es regelmäßig Musik und ich habe Gelegenheit mein Archiv zu öffnen, auch wenn manchmal Beschwerden über die Lautstärke der Musik zu hören sind. Der Wunsch, vielleicht als Überbleibsel aus meiner Zeit als Discjockey im Freundeskreis für „gute" Musik zu sorgen, blieb mir immer erhalten.

Über die sogenannte „Wandergruppe" hinaus gibt es noch einen weiteren Freundeskreis aus Männern, der sich seit 2010 zu jährlichen Paddel – Wochenenden zusammenfindet. Dafür hat sich die Bezeichnung „Paddelbrüder" etabliert. Aber wie kam es zu diesem „Männerbund"?
Schönefeld war damals der Dreh- und Angelpunkt unserer begrenzten Welt beim Reisen. Jedenfalls lag dieser

grottige Bahnhof fast immer auf unseren Reiserouten. Im Jahr 1978 kam ich wohl von einer Reise ins „befreundete Ausland" - vermutlich aus Polen - an diesem Bahnhof an und traf auf ein paar Freunde. Diese kamen von ihrer Paddeltour aus Mecklenburg und hatten ihr Equipment dabei, bestehend aus zwei Paddelbooten RZ 85 von Pouch (RZ = Reise – Zweier). Ich hatte meinen Fotoapparat dabei und knipste zweimal. Die beiden Fotos haben irgendwie überlebt, d.h. ich fand die Negative und konnte darauf unter Flecken verborgen Karsten, Andreas H. und Thomas „Piano" Schulze erkennen. Jahre später, genau gesagt 2010, nahm dann eine andere Geschichte ihren Lauf – die Geschichte der „Paddelbrüder", die seitdem jährlich im August fortgesetzt wird. Also das war so, dass Karsten die Idee hatte, dass man die Tradition von gemeinsamen Paddeltouren neu beleben sollte. Ich war damals zwar nicht dabei, war aber regelmäßig im Spreewald gepaddelt und Karsten bot mir an, bei der geplanten Tour mitzumachen. Also traten 2010 zunächst Karsten, Andreas F., Thomas, Roger und Uwe S. an, um in Carwitz unser erstes gemeinsames Paddelwochenende zu verbringen. Seither reisten wir Ende August jeden Jahres donnerstags an, paddelten freitags und samstags und am Sonntag nach dem Frühstück ging es dann zurück nach Hause. Im Laufe der Jahre erweiterte sich die Mannschaft noch. Durchschnittlich waren wir etwa elf Paddler, die am letzten Wochenende im August an verschiedenen Standorten in die Paddelboote stiegen. Wir wählten für unsere Touren landschaftlich reizvolle Fluss – oder Seengebiete. So waren wir an der Müritz, an der Oberhavel in Feldberg und im Unterspreewald unterwegs, um ein paar Ziele zu nennen. Verbunden waren wir nicht nur durch unsere Vorliebe für Paddeltouren in schöner Umgebung, sondern durch viele gemeinsame Erlebnisse von Jugend an. Hier bot sich die Gelegenheit, diese in fröhlicher Runde, beim Bier und anderen „geistigen" Getränken auszuwerten. Besonders war auch unser Interesse an Musik, insbesondere an Bluesmusik nicht zuletzt, weil auch ein paar aktive Musiker bisweilen mit uns paddelten – „Piano Schulze", „Prinz of Harp" und Thomas Feldmann. Andere Teilnehmer spielten auch ein Instrument, waren aber nicht in einer Band aktiv.

Karsten ist Teil einer Bläsergruppe und spielt Trompete, Andreas H. hat sich schon seit langen Jahren an der Mundharmonika versucht, wie ein Foto von der ersten *Diestelmannfete* beweist. Andreas F. spielt Gitarre ebenso wie Uwe S. Auch von ihnen gibt es alte Beweisfotos und eine kleine Fortsetzung ihrer Künste beim nächsten gemeinsamen Wochenende wurde versprochen. Also können wir uns auf ein kleines Konzert in Diemitz freuen, wo es im Sommer 2024 hingeht. Ich selbst spiele nur CDs oder ähnliches ab, nachdem ich meine Plattensammlung bedauerlicherweise verkauft habe – die Musikalität habe ich nicht von meinen Eltern geerbt (nur die Geige meines Vaters und das Andenken an meine Mutter die Akkordeon und Klavier spielen konnte) Nun gut, es gibt auch noch Roger der meines Wissens auch kein Instrument beherrscht. Und Alain, unser Franzose kann zumindest singen.

Unsere „Flotte"

Andere Möglichkeiten den Blues Live zu erleben

Nach dem letzten Konzert in der „Eiche" im Rahmen „feat. Piano Schulze" war erst einmal für längere Zeit Schluss mit Blues in unmittelbarer Umgebung. Und doch gab es Alternativen in regelmäßigen Abständen. Zu nennen wäre einmal der **„Blues am Rand"** in Niederlehme, ein „Open Air", das jährlich im Sommer an der Dahme stattfand mit vielen interessanten Blueskonzerten. Leider wird dieses langjährige Festival 2023 nicht mehr stattfinden.

Im Raum Ludwigsfelde konnte man manchmal nach Thyrow, Struveshof oder nach Siethen fahren, wo es auch interessante Konzerte gab. Derzeit gibt es vor allem die Blueskonzerte in Ludwigsfelde unter dem Namen „**Live in Lu**", die vom Verein „Musik Leben e.V." organisiert werden. Es waren nicht immer Blueskonzerte, aber unser musikalischer Geschmack war ohnehin etwas breiter angelegt.- Zu erwähnen wäre noch „**Live in Reitwein**". Im Raum an der Oder vom Schlaubetal bis nach Seelow sind die Organisatoren Wolle und Rossi dem Blues und Bluesrock verpflichtet und haben in Reitwein, Seelow, Lebus und Groß – Lindow eine Menge Konzerte auf die Bühnen gebracht und das mit internationalen Bands aus „Aller Herren Länder". Wir waren in den letzten Jahren oft zu diesen Konzerten, blieben auch manches Mal über Nacht in Pensionen in der Nähe und verbanden den Besuch mit der Erkundung der Oderregion.

Immer im Herbst hatte sich zudem seit 2010 in Großbeeren eine regelmäßige „**Bluesnacht**" mit wechselnden Bands etabliert. (**siehe Teil 2** für weitere Informationen)

Außerdem hatten wir dann noch Berlin vor der Haustür und dort gab es schließlich ein überreiches Angebot, welches von uns auch genutzt wurde. Ich habe zu Hause einen großen Umschlag, in den die Eintrittskarten von vielen Konzerten gewandert sind. Auch wenn es nicht immer gelungen ist, kam über die Jahre ein ganz schöner Batzen zusammen. Bei der kürzlichen Sichtung dieser Sammlung kamen Erinnerungen zum Vorschein, von so manch einem Konzert, das schon fast vergessen war. Auf der anderen Seite vermisste ich die Karten von anderen Konzerten, an die ich mich gut erinnerte. Doch

was sollen die Karten dort in ihrem dunklen Versteck?
Ich hatte die Idee daraus ein großes Patchwork – Bild zu
kreieren. Nur wohin mit dem fertigen „Kunstwerk"?
Zumindest habe ich die Eintrittskarten erst einmal in
eine Chronologische Reihenfolge gebracht und eine
Liste mit dem Überblick über die vielen Bands erstellt.
Immerhin sind dabei fast zweihundert Konzerte zusam-
mengekommen die ich über die Jahre (1990 bis 2023) besucht habe und wenn ich die verschollenen Karten hin-
zurechne, werden es noch einige mehr sein.

Unser Leben im neuen Jahrtausend

Ich springe noch einmal in der Zeit zurück und befinde
mich im Jahr 2000. Unsere Kinder waren jetzt schon Jugendliche und im Fall von Johanna schon erwachsen. Johanna hatte über den „Rotary Club" ein Highschool –
Jahr in Kalifornien begonnen und Astrid, Leonard und
ich konnten sie dann in San Jose vor Ablauf ihres Auf-
enthaltes besuchen. Leider, leider reichte die Zeit in den
USA nicht aus, um etwa auf den Spuren von meinen
Blues – Idolen zu wandeln wie z.B. den Blues – Highway
entlangzufahren. Aber wenigstens waren wir in San
Francisco und haben die Stadt gesehen, in der die Hip-
pie – Bewegung ihren Anfang nahm.
Nach und nach wurden die Kinder „flügge" und waren
schon bald aus dem Elternhaus ausgezogen. So blieben
Astrid und ich allein in dem großen Haus. Weil nun
auch die Fertigstellung des Flughafen in Schönefeld

drohte und dann die Flugrouten über unserem Haus verlaufen sollten, entschieden wir uns das Haus zu verkaufen und fanden 2011 ein neues Domizil in Rangsdorf.

2005 begann für mich der letzte Abschnitt meines Berufslebens. Meinem Antrag beim ASB auf eine Versetzung in die Werkstatt für Behinderte Menschen wurde entsprochen und ich wurde dort als Gruppenleiter in der Metallwerkstatt eingesetzt. Das bedeutete, ich war dort für 12 bis 15 behinderte KlientInnen verantwortlich, die überwiegend einfache Tätigkeiten ausführen sollten. In der Metallwerkstatt gab es verschiedene Maschinen wie Drehmaschinen, Bohrmaschinen, Fräsen und viele andere Werkzeuge. Die KlientInnen verfügten durch den Grad ihrer Behinderung über unterschiedliche Fähigkeiten. Weil es aber in der Metallwerkstatt eine ganze Menge anspruchsvoller Maschinenarbeiten gab, waren auch einige Behinderte dazu in der Lage, diese auszuführen.

Leider hatte im letzten Jahr meines Berufslebens Corona die Werkstatt im Griff. Daher war ein würdiger Abschied von meiner Gruppe leider nicht möglich. Ab und an treffe ich mal bei Spaziergängen den Einen oder die Andere aus der Werkstatt und erfahre die Neuigkeiten. Auch treffe ich mich manchmal mit einer Gruppe ehemaliger KollegInnen, die schon in der Werkstatt eine Gemeinschaft gebildet haben und die wir „G10" genannt haben. Inzwischen arbeiten die meisten davon nicht mehr beim ASB.

Geburtstagsblues 2014

In die Zeit vor meinem Abschied aus dem Beruf fiel die bisher letzte Bluesparty. 2014 hatte ich das Glück meinen 60. Geburtstag feiern zu können. Was lag näher als diesen mit einer Blues – Party zu begehen? Zu diesem Zweck tat ich mich mit Bärbel R. und Martin V. zusammen, da die beiden auch um diese Zeit Geburtstag hatten. Als Gaststätte wählten wir einmal mehr den Dorfkrug in Glasow, auch bekannt als „Rädler", nach der Eigentümer – Familie. Eine weitere Fete in diesem für uns traditionellen Gasthof ist leider nicht mehr möglich, denn nach dem Tod des letzten Wirtes stand der Gasthof längere Zeit leer und wurde nun zu Wohnungen umgebaut.

Als Musiker für die Geburtstagsfeier haben wir „*Blues – Rudy & Bernd Kleinow*" verpflichtet. Zusätzlich spielte dort noch „*Piano Schulze*" für einen Freundschaftspreis und Thomas Feldmann war aus Westfalen angereist und hat sein Saxofon mitgebracht. Thomas ist ursprünglich aus Blankenfelde und hat seit Langem Verbindung zu unseren Freunden. Er hat bereits in einigen Blues – Formationen gespielt und begeistert auf dem Saxofon ebenso wie auf der Mundharmonika.

So traf sich also am 15. November 2014 unser weit verzweigter Freundeskreis. Es war mal wieder so, dass wir Freunde begrüßen konnten, die wir seit langer Zeit nicht gesehen haben. Weit gereist waren z. B. Klaus und Yvonne F., die aus der Schweiz kamen, Thomas S. kam

von der Insel Rügen und machte Erinnerungsfotos wie schon auf den ersten beiden Diestelmannfeten. Schön war auch, dass unsere Tochter Johanna mit ihrem Lebenspartner Hauke dabei war. Unser Sohn war zu dieser Zeit gerade in Costa Rica und konnte nicht bei uns sein. Zu diesem Zeitpunkt hatten wir ein Enkelkind. Anton war aber erst drei Jahre alt und war bei Freunden von Johanna untergebracht.-
Also konnte die Feier starten: Zunächst gab es ein leckeres Buffet und dann wurden die Tische beiseitegeschoben, um die Tanzfläche freizumachen. Die Musiker hielten bis weit nach Mitternacht durch und es wurde viel getanzt. In einigen Fällen sogar auf den Tischen bis das Personal einschritt.
Alles in Allem war es ein sehr schöner Abend, von dem wir noch lange würden, zehren können.

**Impressionen vom Konzert am 15. November 2014
Gaststätte „Dorfkrug" ehemals Rädler**

Die Zeit schreitet voran – bis ins Hier und Jetzt

Sollte das dann der letzte Streich in Sachen der privat organisierten Feten unter dem Vorzeichen Blues gewesen sein? Ich hoffe, dass unser Schicksal da noch die eine oder andere Überraschung auf diesem Gebiet für uns bereithält.

Jedenfalls ging die Zeit seit meinem 60. Geburtstag im Sauseschritt vorbei. Es ist ohnehin ein Phänomen, dass man im fortgeschrittenen Alter dieses Gefühl hat obwohl der Sekundenzeiger unerbittlich im genau gleichen Takt voranschreitet.

Ich habe also in der vergangenen Zeit den Übergang vom Beruf ins Rentnerdasein vollzogen. Bisher hatte ich keine Schwierigkeiten die gewonnene Zeit auszufüllen. Zunächst war die Zeit der Pandemie mit ihren Kontaktsperren. Daraus haben wir das Beste gemacht, haben uns im Freien getroffen, Abstand gehalten, haben die Schließung der Cafés z.B. überbrückt indem wir Kaffee und Kuchen auf unsere Touren mitgenommen haben. Zum Glück ist jetzt „Normalität" eingekehrt obwohl auch Astrid und mich trotz Impfungen Covid19 erwischt haben, aber ohne ernsthafte Folgen, was bei unserem Schwiegersohn nicht so war, denn er kämpfte lange Zeit mit Long Covid. Dieser Umstand wirkte sich auch auf seine Familie aus, die eine harte Zeit zu überstehen hatte. Zum Glück hat er die Krankheit jetzt überwunden.

Ein glücklicher Umstand war in letzter Zeit, dass zunächst 2019 unsere Enkelin Lina von Johanna geboren wurde, und ein Jahr darauf bekamen Leonie und Leonard ihren Sohn Moritz. Bei unserem Familientreffen im vorigen Jahr erhielten wir die frohe Botschaft das ein weiteres Enkelkind unterwegs ist, wiederum von den „Leos". Inzwischen ist der kleine Nilas bereits ein Jahr alt. Damit wurde die einfache Reproduktion erreicht und wir sind glückliche Großeltern.

Eine relativ neue Tradition sind die Familienwochenenden, die seit 2013 jährlich einmal in verschiedenen Regionen üblicherweise im Herbst stattfinden. 2023 wichen wir davon ab, weil unsere Nichte Britta im letzten Jahr nicht teilnehmen konnte und wir ihr zum Ausgleich dieses Wochenende im April mit der Familie in Küstrin – Kuhbrücke an der Oder geschenkt haben und 2024 verbrachten wir das Familienwochenende im Spreewald.

Durch den Nachwuchs in der Familie sind Oma und Opa manches Mal gefragt. Es bleibt aber auch wieder Zeit für Ausflüge, Fahrradtouren, Wanderungen und nicht zuletzt für Konzerte, des Öfteren auch in Verbindung mit Übernachtungen am Veranstaltungsort. Erst kürzlich sind wir nach Barby gefahren, um dort in der Gaststätte „Zum Rautenkranz" ein Konzert der Band *„Strange Kind Of Woman"* zu erleben. Die fünf Italienerinnen der Band lieferten eine grandiose Show und interpretierten die Musik von „Deep Purple" sehr gekonnt. Weil Barby an der Elbe liegt, hatten wir die Fahrräder dabei und unternahmen Fahrradtouren und Wanderungen mit meiner

Schwester Birgit und mit Martin an Elbe und Saale und blieben vier Tage dort. Im Herbst desselben Jahres hatten wir erneut dort gebucht, diesmal zu *„Lets Zep"*, einer „Led Zeppelin" – Coverband und waren auch von dieser Band begeistert.

Aber auch in unserer Nähe haben wir tolle Möglichkeiten, Blues Live zu erleben. *„Prince of Harp"* spielt in verschiedenen Bands im Pub *„Molly Malone"*. Oder wir sind des Öfteren in der *„Gartenlaube"* in Berlin Wartenberg zu Peter Schmidt oder *„Piano Schulze"* usw.

Vorbereitungen zum nächsten „Birthday Blues"

Zum jetzigen Zeitpunkt, also 2024 nähert sich unaufhaltsam mein nächster runder Geburtstag. Es wäre also höchste Zeit mal wieder die Freunde zusammenzutrommeln unter dem Vorzeichen Blues! Zu diesem Zweck habe ich mich nochmal mit Martin zusammengetan, um unseren Geburtstag gemeinsam zu feiern. Bei mir wird es dann bereits der siebzigste sein. Unglaublich! Ich habe eine Lokalität gesucht, wo die Party stattfinden kann, und habe dafür das Anglerheim in Rangsdorf reservieren lassen. Dort kann man bequem mit 70 Gästen feiern. Der „Prince of Harp" hat eine Band zusammengestellt, die dort spielen will. Neben ihm sind dabei „Piano Schulze" mit Dirk Höseler – wie soll es anders sein und Peter *„Pedda"* Schmidt. Das Bandprojekt nennt sich *„Boogie trifft Blues"* und wir haben diese Formation bereits einmal im Pub „Molly Malone" in Berlin gehört. Alle weiteren Vorbereitungen laufen. Wieder habe ich eine

Einladung gestaltet und diese persönlich verteilt, soweit es ging oder aber den größeren Teil per elektronischer Post versendet. Jeder soll im Vorfeld einen Betrag an mich einzahlen zur Finanzierung der Band, damit ich ihn nicht am Abend kassieren muss. Wegen der Gäste habe ich die Listen zur Hand genommen, die ich von den vergangenen Partys aufgehoben hatte. Dabei habe ich Erinnerungen Revue passieren lassen an die vergangenen Feste und vor allem an Freunde, die damals dabei waren und die man aus den Augen verloren hat oder die bereits nicht mehr unter uns weilen, wie das bei Thomsett und bei Toni M. der Fall ist. Den Kontakt haben wir zu einigen verloren, die noch bei den ersten Feten dabei waren. Dazu gehört *Keule,* die wir später nochmal in Bestensee getroffen haben, die aber das Interesse an der Fortsetzung des Kontaktes verloren zu haben schien. Auch *Fichtel* haben wir nochmal nach der Wende getroffen, aber das war's dann auch. Von der Bildfläche völlig verschwunden waren z.B. Andrea und Sylvia, die bei den ersten Feten immer im Doppelpack dabei waren. Andrea hat wohl nach Tschechien geheiratet, aber der Kontakt ist versandet. Die Genannten sind auf den Fotos der ersten beiden Feten zu sehen, später waren sie nicht mehr dabei. Mit Karsten, dem Bildhauer, hatten wir noch lange Zeit Kontakt, aber auch er hatte kein Interesse mehr, die Freundschaft fortzusetzen. Die Reihe ließe sich noch fortsetzen, aber ich will mich nicht damit aufhalten, denn wichtig sind diejenigen, die uns seit langer Zeit die Treue halten und die auch immer wieder zu den Partys eingeladen werden und wenn möglich auch kommen. Ich denke dabei an James, Jimmy, Willy, Klaus R., Holger usw. Mein Freund Klaus F., der jetzt in der Schweiz wohnt, kommt sogar von dort zu uns. Andreas D., mein langjähriger Schulfreund ist diesmal auch eingeladen. Er war unbegreiflicherweise früher niemals dabei, obwohl er auch sehr an Musik interessiert ist. Wir haben uns eine Zeitlang nur sporadisch gesehen, aber dann meist zum Segeln oder zum Fahrrad fahren. Doch lange Rede – kurzer Sinn. „Alles fließt" wie schon *Panta Rhei* wussten. Also auch mit Freundschaften ist es ähnlich – sie kommen und gehen, wenn man sich nicht darum kümmert. *„Nimm dir Zeit für deine Freunde, sonst nimmt die Zeit dir deine Freunde",* wie es heißt.

Die letzte Bluesparty?

Und das haben wir getan, als die Party an der Reihe war! Aus meiner Sicht kann ich sagen, dass es gelungen war. Nahezu 70 Gäste waren anwesend und das Echo von den Gästen war positiv.
Ich habe bereits frühzeitig begonnen, die Party zu organisieren. Das Anglerheim am Rangsdorfer See habe ich bereits im Frühjahr reservieren lassen für uns. Es war noch nicht absehbar, ob genug Gäste zusammenkommen. Zuletzt hat aber alles geklappt und auch für die Versorgung der Gäste mit Essen und Getränken haben Martin und ich gesorgt. Sehr gut kam auch die Diashow an, mit Bildern von den vergangenen Partys, die mittels Beamer im Hintergrund lief. Viele haben sich dann auf

den Fotos erkannt und sich an vergangene Zeiten erinnert.

Die Band hat dann bis Mitternacht gespielt und es wurde auch ausgiebig getanzt nach der „Fusionsmusik" von *„Boogie trifft Blues", wie* sich die Formation nennt. Leider ging der Abend zu schnell vorbei und die Zeit reichte nicht aus, um mit allen Gästen ausführlich zu sprechen. Schade!

Impressionen von „Boogie trifft Blues"
im Anglerheim Rangsdorf

Und schon reift im Hinterkopf die Idee zum Jubiläum
50 Jahre Bluespartys „Live in Glasow" ein weiteres Konzert
zu organisieren. Ob es wohl gelingt?

Nachbemerkung zum ersten Teil

Meinen Betrachtungen vorangestellt hatte ich den Text von dem Song „Blues hat keine Farbe". Und vielleicht hat er doch eine Farbe in unseren Augen, die wir ihn hören. Landläufig verstehen viele ihn als schwermütige Musik, die dann eher mit der Farbe Blau assoziiert wird. Aber wie der erfahrene Konzertgänger solcher Konzerte weiß, gibt es viele Facetten des Blues und traurig sind bei Weitem nicht alle und damit gibt es auch verschiedene Farben. Oder?

Ich wollte den Bogen spannen zu meinem eigenen Leben und deutlich machen, dass der Blues darin einen festen Platz hatte. Die Musik im Allgemeinen half dabei Freunde zusammenzuführen und Gemeinsamkeiten zu entdecken. Durch die Bluespartys, die über so viele Jahre veranstaltet wurden, hat sich eine Gemeinschaft gebildet, die auch heute noch Bestand hat. Von daher hat es sich nicht nur für mich selbst ausgezahlt!

Natürlich wird Jede und Jeder für sich beantworten müssen, inwieweit ihm oder ihr der Blues etwas bedeutet hat und vielleicht sogar geholfen hat Lebenssituationen zu bewältigen. Ich meine damit, dass diese Art von Musik schließlich von MusikerInnen vorgetragen wird, die ihre Songs oft tief empfinden und auch wenn wir nicht alle Texte verstehen, so können uns die Songs doch etwas geben. Wir können mit den MusikerInnen traurig sein, wir können Zuversicht empfangen, wir können fröhlich und ausgelassen sein und wir können sogar Wut über Ungerechtigkeiten empfinden. Und ich meine es ist eine ganze Menge, was der Blues uns geben kann!

„Der Blues ist das Leben, und das Leben ist der Blues"
Willie Dixon

Teil 2

„Musik Leben e.V." mit der Konzertreihe „Live in Lu"

„Live in Lu" sorgt seit 2012 für Rock – und Blueskonzerte im Raum Ludwigsfelde.

Im April 2012 kam ich zum ersten Mal mit dem Verein „Musik Leben e.V." in Berührung, obwohl zu diesem Zeitpunkt der Verein noch gar nicht gegründet war. Ich hatte jedenfalls aus der Zeitung erfahren, vielleicht dem Wochenspiegel oder einem ähnlichen Blatt, dass in Siethen in der *"Viererkette"* ein Blueskonzert mit Blues Rudy stattfinden sollte. Kurz entschlossen fuhr ich mit meiner Schwester und einem Freund dorthin. Im abendlichen Siethen suchten wir also das Sportlerheim mit dem bezeichnenden Namen, von dem ich keine Ahnung hatte als Nicht – Fußballfan. Gut gelandet, kamen wir also in dieser netten kleinen Gaststätte am Sportplatz an. Dort hatten vielleicht etwa 40 Gäste Platz und, wie ich mich erinnere, war es nicht gerade überfüllt. Da zeichnete sich schon ein Problem ab, wie ich es auch viel später im Interview mit den ProtagonistInnen des Vereins vertiefen konnte. Kommen genug Gäste und können wir die Band bezahlen?

Jedenfalls hatten wir an diesem Abend Spaß am Blues. Blues Rudy an Gitarre und Gesang sowie Marco Jovanovic am Kontrabass und Mundharmonika enttäuschten uns nicht. Beide kannte ich auch schon von anderen Konzerten. Für mich war dieser Veranstaltungsort eine weitere Möglichkeit interessante Konzerte zu erleben, ohne sehr weit zu fahren.

Bluesrudy und Marco Jovanovic in der „Viererkette"

Leider hatte ich nicht von jedem Konzert erfahren, das in jenen Jahren dort und später auch im „Lisum" stattfand. Deshalb dauerte es eine Weile bis zum nächsten Konzert, das ich in Ludwigsfelde erleben durfte. Das war dann die „T.B. Session Blues Band" am 22. Dezember 2017. In den folgenden Jahren gab es einige Konzerte bei „Live in Lu", die ich mit Astrid und mit Freunden besucht habe. Diese Konzerte fanden von nun an jedoch im Klubhaus Ludwigsfelde statt. Immer waren wir begeistert von der familiären Atmosphäre im Club und von den erlesenen hochklassigen Konzerten. Es müssen keinesfalls immer die großen Rockgrößen sein, wo man

unter tausenden Fans auf den billigen Plätzen nur erahnen kann, was auf der Bühne passiert oder auf die Videoleinwand starren muss. Dort im Club war es anders – man konnte die Musiker hautnah erleben, sogar wenn man wollte, ein wenig Smalltalk mit ihnen in der Pause an der Bar machen, man konnte oft Freunde treffen und man konnte meist auch tanzen. Auf jeden Fall konnte man Spaß haben. Das Klubhaus blickt auf eine langjährige Geschichte zurück. In den 50er Jahren gebaut, diente es in der DDR – Zeit als Kulturhaus für die vielfältigsten Veranstaltungen und nach der Wende, als alle halbherzigen Instandhaltungen nicht halfen, wurde das Haus in den Jahren 2011 bis 2014 grundlegend saniert. Nach der Wiedereröffnung verfügte Ludwigsfelde über ein modernes Multifunktionsgebäude zur kulturellen Nutzung. Dadurch ergab sich für den Verein „Musik und Leben" die Möglichkeit, Konzerte in schöner Regelmäßigkeit und unter angenehmeren Bedingungen zu veranstalten, wie wir es noch sehen werden.
Und jetzt im Jahr 2023 schließt sich der Kreis mit der T.B. Session Band, ebenfalls im Klubhaus und ebenfalls am 22. Dezember. Also konnten wir 2023 diese Band noch einmal in Lu erleben.
An dieser Stelle ein paar Impressionen vom Konzert: Astrid und ich haben uns mit ein paar Freunden und meiner Schwester verabredet und wir trafen eine Stunde vor Konzertbeginn dort ein. Schon im Foyer wird man von den Kartenverkäufern begrüßt, die scheinbar jeden der Gäste kennen. Der Saal ist bestückt mit vielen Tischen, um die Stühle gruppiert sind

(schließlich sind die Konzertbesucher in die Jahre gekommen und wollen schon gern einen Sitzplatz haben). Im hinteren Bereich gibt es noch einige Stehtische. Der Raum wirkt gemütlich durch die dezente Beleuchtung und die Deko. Auf jedem Tisch gibt es einen kleinen Weihnachtsstern und ein Schälchen mit Weihnachtsgebäck. An der Bar im Foyer wird für das leibliche Wohl der Besucher gesorgt. Es gibt ein breites Angebot an Getränken und auch für einen kleinen Imbiss ist gesorgt. Die Preise sind annehmbar. Im vorderen Bereich ist Platz zum Tanzen. Die Freunde hatten schon Plätze an einem Tisch für uns freigehalten. Nach und nach füllt sich der Saal und wir können feststellen, dass es nicht nur Gäste in unserem Alter gibt, sondern auch „jüngeres Volk". Das lässt hoffen für die Zukunft solcher Veranstaltungen. Um Punkt 21 Uhr betritt die Band die Bühne und Beate, die Vereinsvorsitzende, begrüßt das Publikum und die Band mit einer kleinen Ansprache. Dabei dankt sie auch der Crew und erwähnt die Aufgaben der Vereinsmitglieder und die Anwesenden honorieren die kleine Rede mit Applaus, aber jetzt sind alle gespannt auf die Band. Neben dem Bandleader Jürgen Gerhard (Gesang und Akustikgitarre) spielen die Gitarristen Mauro Pandolfino und Frank Engelmann mit. Der Drummer ist Carlos Dalelane und den Bass spielt Jörg „Bulli" Unger. Die Band blieb uns noch von 2017 in guter Erinnerung, damals noch mit Peter Schmidt an Gitarre und Gesang. Mal sehen, ob sich der Spruch in der Konzertankündigung bewahrheitet: „Man sieht ihnen an,

dass sie richtig Spaß auf der Bühne haben!" So das Urteil des Publikums und ich kann dem wieder zustimmen!
Das Programm besteht überwiegend aus Rock – und Blues Klassikern. Neben den etwas härteren Rockklängen gibt es auch einige langsame balladeske Stücke. Da erklingen zum Beispiel die Titel „Dead Flowers" von den Rolling Stones, „Another Brick of the Wall" von Pink Floyd, „Like A Rolling Stone" von Bob Dylan und „Lucky Man" von Emerson Lake & Palmer. Die Tanzfläche füllt sich schnell. Der Sound im hinteren Saalbereich ist zwar leider nicht ganz optimal, denn die Ansagen sind nur schwer zu verstehen, aber das tut der Stimmung keinen Abbruch. Nach zwei Sets mit einer Pause dazwischen weiß man gar nicht wo die Zeit hin ist, denn es ist bereits nach Mitternacht. Die Meisten werden diesen Abend bestimmt in positiver Erinnerung behalten!

T.B. Session Band

Entstehungsgeschichte des Vereins

Aber wie kam es eigentlich, dass den Konzertgängern, die gerne zu Blues – oder Rockkonzerten gehen, die ab und an irischer Musik lauschen wollen oder auch mal gern Oldies hören wollen eine solche hochkarätige Programmvielfalt seit mehr als zehn Jahren geboten wird? Ich hatte in diesem Jahr die Gelegenheit mit den Hauptakteuren zu sprechen, die hinter diesem langjährigen Projekt stecken und werde nun auf den Spuren der Vergangenheit wandeln, um zu sehen, wie sich alles entwickelt hat. Dabei werde ich hinter die Kulissen schauen, um zu veranschaulichen welche Mühen erforderlich waren und immer noch sind, um dem Publikum über lange Jahre in regelmäßigen Abständen interessante Bands präsentieren zu können.

Am Anfang waren also drei junge Leute, die sich hauptsächlich durch ihr gemeinsames Interesse an z. B. Beat – Rock – und Bluesmusik zusammenfanden.
Andreas Krizek Jahrgang '58 verbrachte seine Jugend in Mahlow und hörte die einschlägigen Radiosender, um an die neueste Musik heranzukommen, die er dann auch mit seinem Tonbandgerät mitschnitt. Zitat Andreas: *„Wir haben unseren Musikgeschmack mit Radiohören entwickelt und haben in den Nächten oft bis um 2.00 Uhr morgens vor den Radiogeräten gesessen, SFBeat, BFBS oder RIAS gehört und erst mal alles aufgenommen ... es war stilistisch alles Mögliche dabei."* Er sagt, dass ihn die Beatles als Erstes umgehauen hätten, dann kam aber eine Entwicklung hin zu

Rock und Popmusik und schließlich zum Blues. Hier nennt er als Beispiel Johnny Winter und Fleetwood Mac als diese noch eine reine Bluesband waren. Dann entdeckte er auch die schwarzen Bluesmusiker wie Muddy Waters, Lightning Hopkins, B.B. King usw. Er hatte auch das Glück, an westliche Platten heranzukommen und entwickelte eine Sammelleidenschaft. Zitat Andreas: *„Diese Freude an der Musik, das hat sich bis heute eingebrannt in der Seele".*
Später dann betätigte er sich auch als Schallplattenunterhalter, wie der Diskjockey damals in der DDR genannt werden sollte. Hier war er bemüht, diese *seine* Musik den Leuten zu vermitteln. Außerdem versuchte sich Andreas auf der Gitarre und spielte diese im Freundeskreis. Natürlich wurden die entsprechenden Konzerte in der Gegend besucht. Zu nennen wäre der „Florapark" in Mahlow oder der „Weiße Schwan" in Blankenfelde oder andere Gaststätten im weiten Umkreis. Andreas sagt dazu: *„ ... also die Tingelei über die Dörfer und da beschränkt es sich nicht nur auf die bekannten Bands wie „Monokel" und „Engerling" sondern auch auf die kleinen Combos bei denen sich gefreut wurde, dass sie die Titel halbwegs vernünftig nachspielen konnten waren Bestandteil meiner Jugend".*
Damit waren auch die Grundlagen vorhanden für seinen späteren Einfluss im Verein.
Der Zweite im späteren Bunde war Andreas Kammer aus Ludwigsfelde ebenfalls Jahrgang '58.
Auch er hatte frühzeitig die starke Neigung zur Blues - und Rockmusik, nahm Musik aus dem Radio auf und besuchte Konzerte. In Ermangelung des eigenen Erlebens

von Bands aus der westlichen Hemisphäre musste Westradio oder Westfernsehen herhalten. Im Übrigen verlief seine musikalische Entwicklung ähnlich wie bei dem anderen Andreas.

Last but not least war da noch Beate Kammer, Jahrgang '61 aus Werdau, einer Kleinstadt in der Nähe von Zwickau. Beate erzählte, dass sie in ihrer Jugend mit den einschlägigen Bands unseres kleinen Heimatlandes bei Konzerten in Berührung kam, zu denen sie gern und oft nach Zwickau oder Glauchau unterwegs war. Sie hörte beispielsweise „Silly", „City" und Diestelmann. Das setzte sich später während ihres Studiums in Merseburg fort. Dort gab es in dem Studentenclub und in anderen Locations auch regelmäßig Livemusik. Vorangegangen war natürlich die Orientierung aus dem Radio oder Fernsehen. Dort wo sie zu Hause war, konnte man auch die westlichen Sender empfangen und das hat ihren Musikgeschmack beeinflusst.

Die drei „Gründer"

Alles nahm wohl seinen Anfang in Magdeburg wo die „Andreasse" Maschinenbau studierten. Eines Tages muss wohl die laute Musik aus dem Zimmer des Studentenwohnheims des einen Andreas den anderen Andreas angelockt haben und beide tauschten sich aus und stellten fest, dass sie hinsichtlich der Musik und ich vermute nicht nur der Musik, auf der gleichen Linie lagen. Daraus entwickelte sich jedenfalls eine Freundschaft, die sie nach dem Studium in ihren Heimatorten fortsetzten. Andreas Kammer hat vor der Wende der DDR den Rücken gekehrt und hat eine genehmigte Besuchsreise zur Verwandtschaft genutzt, um nach Westberlin überzusiedeln. Dann fiel die Mauer und bald konnte er wieder die alten Kumpels besuchen.

So traf er sich ab den 90er Jahren des Öfteren im „Relax" mit seinen Freunden. Hier kam es dann auch zur Begegnung mit Beate, die inzwischen ihr Studium abgeschlossen hatte und im Autowerk in Ludwigsfelde ihre Stelle angetreten hatte. Andreas Kammer und Beate wurden ein Paar und sind es heute noch. Damit war erst einmal das Trio komplett, welches im weiteren Verlauf die Geschicke des Vereins „Musik und Leben" lenken sollte. Doch zunächst waren sie noch nicht so weit. Durch gemeinsame Besuche von Rock – und Blueskonzerten etwa in Struveshof entstand der Wunsch, etwas Eigenes auf die Beine zu stellen. Struveshof, ein kleiner Ortsteil bei Ludwigsfelde, beherbergt seit mehr als 100 Jahren im weitesten Sinne Bildungsanstalten zur Aus- und Weiterbildung von Lehrern. Während der Zeit der DDR bestand dort das Zentralinstitut für Weiterbildung (ZIW) aus dem nach der Wende über ein paar Zwischenstufen das LISUM (Landesinstitut für Schule und Medien) wurde. Nachdem die Mauer fiel, gab es auch dort eine Zeit für Aufbruch und so konnte auf Privatinitiative das „Relax" entstehen. Das war ein Club in den dortigen Räumlichkeiten, der schon mehr als hundert Besucher aufnehmen konnte. Die Betreiber engagierten Bands aus der DDR wie etwa „Engerling" und „Renft". Wie sich der andere Andreas erinnerte, ging es 1998 ...1999 weiter mit einem privat organisierten „Engerling" – Konzert. Freunde von ihnen, Frank und Kathrin Neuendorf, hatten beschlossen, die ganz alten Kumpels von vor der Wende, die man schon zum Teil aus den Augen verloren hatte, einzuladen zu diesem Konzert. Der Kontakt zur Band kam bei einem Konzert von Peter Green in Berlin zustande, das auch von „Bodi" Bodag von „Engerling" besucht wurde. Per Handschlag wurde also der Termin besiegelt. Dieses Konzert hatte dann einen überwältigenden Erfolg und Andreas schätzt, dass mehr als 200 Leute zusammenkamen, die man damals noch auf dem Postweg angeschrieben oder persönlich aufgesucht hatte. Den Rest erledigte die Mund – zu Mund Propaganda. Andreas sagt, dass es wie zu Zeiten der DDR war und das meint die Atmosphäre des Konzerts und das Wiedersehen mit vielen Freunden. Von diesem Konzert soll sogar ein Mitschnitt auf CD in einer Auflage von 50 Stück existieren.

Später traten im „Relax" dann auch internationale Bands vornehmlich aus den USA auf. Dies passierte also in der Zeit von etwa 1993 bis zum Jahr 2001. Andreas Krizek war damals auch in diesem Club engagiert. Doch 2001 löste er sich davon, denn der Betreiber wollte nun das Konzept ändern und nicht mehr auf Live – Musik setzen, sondern auf Diskotheken. Dafür konnte sich Andreas nicht erwärmen. Jedenfalls besuchten unsere drei Protagonisten des Öfteren die Konzerte im „Relax" und es entstand die Idee, etwas Eigenes auf die Beine zu stellen, sprich eigene Konzerte zu organisieren.

Parallel dazu sind Andreas eins und zwei durch einen Mailorder – Versand, über den man spezielle LPs oder CDs bestellen konnte, auf das riesengroße Austin Music Festival (Texas) aufmerksam geworden. Sie haben dann spontan den Rucksack gepackt und sind nach Miami geflogen. Bei dem Festival spielten dann auch viele Bands, die die Beiden schon von eigenen Tonträgern kannten, die sie im Schrank zu stehen hatten. Das waren dort nicht die „großen" Bands mit hohem Bekanntheitsgrad, aber trotzdem erstklassige Musiker. So konnten sie sich Inspirationen für die Buchung von Bands holen, in dem noch in den Sternen stehenden späteren Verein. Wie Andreas erzählte, war der Besuch des Festivals dann eine jährlich wiederkehrende Tradition über einige Jahre, wobei zum gegenwärtigen Zeitpunkt durch die Kostenexplosion und die Kommerzialisierung eine weitere Anreise für ihn nicht mehr so attraktiv erscheint.

Nach der Schließung des „Relax" sind die drei Freunde dann notgedrungen überallhin getingelt, um die Bands zu hören, denn Ludwigsfelde und Umgebung waren in dieser Hinsicht ein weißer Fleck auf der Landkarte. Also fuhren sie wegen ihres großen Interesses an Live – Musik nach Reitwein, nach Lauchhammer oder gar nach Thüringen. Wie Beate dann gestand, hat sie diese Fahrerei auf die Dauer angestunken. Die Konsequenz war mal wieder „Wir organisieren was Eigenes"

Bereits 2007 wurde, wie sich Andreas Kammer erinnert, ein erstes Konzert organisiert. Ein Kommilitone von Andreas teilte mit ihm ein Zimmer im Studentenwohnheim und dieser mit Namen Jens spielte in der Band „Wunderbundt", die sich der Musik von Rio Reiser angenommen hatte. Also veranstaltete man ein privates Konzert mit dieser Band in Gröben im „Gasthof Nase". Die Anfänge spielten sich dann im relativ kleinen Sportlerheim „Zur Viererkette" ab. Beate hatte familiäre Beziehungen zu dieser Kneipe, denn ihr Neffe war der Wirt. Und so konnten die ersten „Versuchsballons" dort gestartet werden. Das Sportlerheim fasste allerdings nur 30 bis 40 Personen und war damit nicht geeignet für bekannte Bands wie z.B. „Monokel". Wie Andreas Kr. erzählte, war er dann erstmals an der Kasse beim Einlass des Publikums dabei. Seit langer Zeit sehe ich ihn bei meinen Konzertbesuchen immer an der Kasse sitzen. Damit hatte er jedenfalls die Übersicht und er kann sagen, dass sich über die Jahre auch ein Stammpublikum erhalten hat, das er so etwa auf 80% schätzt. In dieser frühen Phase war nur „unser Trio" mit der Organisation beschäftigt und in diesem kleinen Rahmen merkten sie, dass es funktionieren kann. Und doch waren die Bedingungen dort längerfristig nicht optimal für sie, denn die Einnahmen aus der Gastwirtschaft gingen naturgemäß

an die Kneipe und nur aus dem Kartenverkauf konnten
keine Reserven für spätere Konzerte aufgebaut werden
und man konnte sich nur die kleinen Nischen – Bands
leisten. Auch mussten für die Veranstaltungen in dem
kleinen Gastraum entsprechende Umbauten vorgenom-
men werden. Beispielsweise wurde ein Zelt außerhalb
der Gaststätte für die Raucher aufgebaut. Alles in Allem
keine idealen Bedingungen.
Daher standen die drei Protagonisten vor der Herausforderung, auch einmal größere Konzerte zu veranstalten. Damit stellte sich die Frage: „Wo machen wir das?"
Es bot sich dann ein Veranstaltungsort in der näheren
Umgebung von Ludwigsfelde an. Das war das Gemein-
dezentrum in Thyrow mit der Kulturscheune.

An dieser Stelle ist etwas über die Rollenverteilung in
unserem Dreierbund zu sagen. Während die beiden
Männer sich als „Erzähler" bezeichnen, wird Beate als
„Macherin" beschrieben. Ich verstehe das so: Erzählt
wird von dem Wunsch, mit der und der Band ein Konzert zu organisieren. Kontakte mit Bands aus dem
Freundeskreis sind vorhanden. Ideen sind vorhanden.
Aber man braucht Einen oder Eine für die Verwirkli-
chung dieser Ideen und das war in unserem Fall Beate.
Inzwischen ist aber klar geworden, dass man zur Organisation größerer Veranstaltungen mehr Leute braucht.
Also beschritten sie den Weg zur Gründung eines Vereins. Doch lassen wir an dieser Stelle Beate zu Wort
kommen: *„...aber zu dritt sind es einfach zu wenig Leute, um
so etwas aufzubauen. Und deshalb war es interessant zu*

schauen, gibt es da noch Leute, die sich dafür auch interessieren? Wir haben direkt Leute angesprochen und einige kamen auch zu uns. Insgesamt waren es sieben, die bei uns mitmachen wollten. Und dann haben wir 2013 gesagt, okay, jetzt wollen wir den Verein im Prinzip auch verschriftlichen, also ordentlich gründen, mit einer Satzung und mit dem ordentlichen Eintrag im Register und was alles noch dazugehört. Vor allem die Anerkennung der Gemeinnützigkeit war ganz wichtig für unseren Verein und damit die Möglichkeit, dass man sich finanziell unterstützen lassen kann, Förderungsmöglichkeiten hat und die Bestätigung erhält dass wir ehrenamtlich arbeiten"
Aber es stellte sich dann heraus, dass die Vereinsgründung doch nicht so ein kleiner Spaziergang war, wie Beate zugeben musste: „Wir hatten mehrere Versuche starten müssen, um überhaupt einen Verein gründen zu können, ein gemeinnütziger Verein sein zu dürfen und dass das auch genehmigt wird. Da gab es schon Schwierigkeiten, insbesondere wegen dem Finanzamt. Also ohne die Unterstützung der Sachbearbeiterin des Finanzamtes hätten wir es nicht geschafft, weil gewisse Formulierungen ganz wichtig sind, die man nicht weiß. Ansonsten gab es mit den Ämtern keine Probleme, also sei es mit der Stadt und dem Bürgermeister, sei es mit der Kulturverwaltung oder dem Umweltamt" (wenn man mal von den teilweise langen Bearbeitungszeiten absieht und man dann nochmal nachfragen musste, wie Beate noch hinzufügte)
Jedenfalls wurden von Ihnen nach einiger Zeit alle damit verbundenen Probleme gelöst und die Vereinsgründung war geglückt. Der Start erfolgte mit sieben Mitgliedern, deren Anzahl sich im Laufe der Zeit auf bis zu

fünfzehn erhöhte – dies sollte aber noch einige Zeit in Anspruch nehmen.

Durch die Vereinsgründung haben sich die personellen Möglichkeiten entscheidend verbessert und die Last der Organisation wurde auf mehrere Schultern verteilt. Beate schätzt die Gründung des Vereins als ungeheuer wichtig ein, denn man darf nicht vergessen, dass keine eigene Location vorhanden war und damit der organisatorische Aufwand in der Anfangszeit erheblicher war als heutzutage.

Also machte Beate sich zunächst in die Spur und verhandelte mit den Verantwortlichen für die Kulturscheune in Thyrow und bereitete den Boden für die Durchführung der dort später stattfindenden Konzerte. Beate sagte dazu:

„Dann haben wir Kontakt zu Frau Klatt aufgenommen, die uns privat schon bekannt war und die für die Kulturscheune Thyrow verantwortlich war und die sehr erfreut war, dass sich jemand beteiligen wollte, um das Haus dort mit Leben zu füllen. Also generell, wenn du als Verein auftrittst, bei einer zu mietenden Örtlichkeit, kannst du immer sagen, wir sind gemeinnützig und dann kriegst du das auch zu einem besseren Preis, als wenn du privat ankommst. So kamen wir mit dem Bürgermeister von Trebbin in Kontakt und er stimmte der Anmietung des Objektes zu und wir bekamen einen Vertrag. - Es war ein wunderschönes Ensemble, eine wunderschöne Location, wir konnten dort alles nutzen, also auch für den Backstagebereich, es war traumhaft. Der Saal selber hatte eine schöne große Bühne mit einer ordentlichen Bar hinten. Nur die Akustik war dort ein ganz großes Problem.

Also hatte sich der Verein dort eingemietet und konnte nun monatlich Konzerte veranstalten. Ein weiterer Versuchsballon waren die dort stattfindenden Doppelkonzerte, also Konzerte mit zwei Bands. In dieser Zeit hatten sie noch einen zusätzlichen Partner, der sie dabei etwas unterstützt hat, z.B. bei der Auswahl der Bands. Außerdem sorgte er durch seine Verbindungen im Freundeskreis und über Facebook für zusätzliche Besucher, die sogar aus Zwickau anreisten. Beate schätzte ein, dass das, was der Verein in dieser Zeit leisten musste immens war. Der Saal musste vorbereitet werden und vor allem musste hinterher alles blitzsauber übergeben werden. Da mussten auch die Toiletten geputzt werden und der Müll beseitigt werden, neben dem ganzen Aufwand mit dem Betrieb der Bar und der Vorbereitung der Konzerte. Es war also ein Kraftakt ohne Ende. Zitat Andreas:

„Und im Prinzip für diese Location war auch der Besucherandrang zu wenig und das hat sich eigentlich auch nicht herumgesprochen. Dazu das Problem des Hinkommens nach Thyrow wegen der schlechten Anbindung verkehrstechnisch. Immerhin haben wir aus den 70er oder 80er Jahren das Problem des Hinkommens selbst erlebt, wir sind ja auch überall, selbst in die kleinsten Dörfer hingekommen und zur Not ist man gelaufen und wieder zurück“. Doch jetzt war eine andere Zeit und es galten nicht mehr die alten Regeln. Die Angebote waren vielfältiger und die Leute wollten es bequem haben. Um diesem Problem zu begegnen, wurde sogar ein Shuttle angeboten, der die Besucher vom Bahnhof abgeholt und am Ende wieder zum Bahnhof gebracht hat. Da sind

Beate und Andreas mit ihren Privat- PKWs gefahren.
Also noch einmal mehr Aufwand zu den ohnehin nicht
unbeträchtlichen Aufgaben, die bei der Durchführung
der Konzerte anstanden!
Letztlich konnten sie feststellen, dass das Konzept mit
den zwei Bands an diesem Veranstaltungsort nicht
durchzuhalten war. Die Einnahmen setzten sich zusammen aus den Eintrittspreisen und den Clubbeiträgen.
Zusätzlich gab es noch Einnahmen aus dem Barbetrieb.
Davon musste jedoch die Saalmiete gestemmt werden,
ebenso die Gage für die Bands und deren Versorgung
mittels Catering und nicht zuletzt deren Übernach-
tungskosten, wodurch schon ein erheblicher Betrag zusammenkam. *„Und am Ende hatten wir in Thyrow wirklich
fast nur Verluste. Also das war eine Katastrophe vorm Herrn,
da haben wir schon fast aufgegeben"*

Zum Glück wurde das Clubhaus während dieser Zeit so
langsam fertig. Sie bereiteten eine umfangreiche Vereins-
präsentation vor und stellten diese bei einem Termin
beim Bürgermeister von Ludwigsfelde vor, um zu fragen, ob der Verein im Clubhaus seinen festen Platz für
die Konzerte finden kann. Und wie wir inzwischen wissen, hat es geklappt und „Live in Lu" konnte dort an den
Start gehen und in schöner Regelmäßigkeit Konzerte
für das an Rock, Blues und Folk interessierte Publikum
veranstalten. Angefangen wurde zuerst im so genannten Vestibül, was ein großer Raum im Obergeschoss
war. Hier musste Lehrgeld bezahlt werden, denn es
wurde eine Kooperation mit der parallel zu ihrem Raum

geöffneten Gaststätte eingegangen. Der Deal war, dass der Verein etwas am Umsatz der Kneipe beteiligt wird. Dazu mussten die gesamten zum Angebot gehörigen Getränke nach oben bugsiert werden und am Feierabend die Reste nach unten. Eine gewaltige Anstrengung. Außerdem sollte zunächst Fassbier ausgeschenkt werden nach dem Willen der Kneipe. Das hat dann nicht funktioniert und aus der theoretischen Win – Win Situation wurde ein Flop. Die Konzertbesucher waren nicht so recht willig, die erhöhten Gaststättenpreise zu bezahlen (damals ein Bier 3,80 €), denn sie waren an die deutlich günstigeren Vereinspreise gewöhnt. Die Kneipe hatte somit auch nicht den erträumten Umsatz. Die Situation wirkte sich auch auf die Besucherzahlen aus, denn es sprach sich im Umkreis herum und einige blieben zunächst weg. Als weiterer Nachteil war die Akustik im Vestibül anzusehen, die die Tontechniker zur Verzweiflung trieb, denn es gelang ihnen kaum, den Raum vernünftig zu beschallen.

Zum Glück hatten sie noch rechtzeitig die Kurve gekriegt, indem sie wieder als Verein den Ausschank selbst in die Hand nahmen. Dies war auch daher möglich, weil die Konzerte später ab 2015 im Mehrzweckraum stattfinden konnten, in dem heute die Musikschule ihr Domizil hat. Ab 2016 stand dann die Lounge zur Verfügung in zwei wechselnden Konstellationen (einmal *Lounge mit Bar* – Eingang rechts und zum anderen *Lounge mit Foyer* – Eingang links von der Fontane Straße aus). Mit der zweiten Konstellation sind wir in der Gegenwart angelangt. Zwischendurch wurden auch ein paar Konzerte nach Struveshof ins LISUM verlegt, in die Räume des ehemaligen „Relax". Das war dann der Fall, wenn die Räume z.B. vom Karnevalsverein benötigt wurden.

Damit waren erst einmal die äußeren Bedingungen für die Existenz des Vereins über längere Zeiträume gesichert.

Beate kündigt die Band an

Clubhaus mit den zwei „Wächtern"

Aber wir wenden uns nun dem Verein und dessen Mitgliedern etwas näher zu. Wie wir bereits erfahren haben, entwickelte sich die Mitgliederzahl des Vereins von der Gründung mit sieben Mitgliedern auf durchschnittlich 15 Mitglieder und davon waren es etwa 10 aktive Mitglieder. Wenn man einen Blick auf den Internetauftritt von „Live in Lu" wirft, kann man etwas über die Aufnahmemodalitäten erfahren. Ein aktives Mitglied hat einen monatlichen Mitgliedsbeitrag von 20,00€ zu leisten, hat dann aber freien Zutritt zu den Konzerten und hat bei den Clubversammlungen volles Stimmrecht.

Dann gibt es noch die Förder – Mitglieder, die zehn Euro monatlich zahlen und einen ermäßigten Eintritt zu den Konzerten haben und auch stimmberechtigt sind. Weiterhin sind da noch die Ehrenmitglieder mit fünf Euro monatlichem Beitrag. Sie müssen aber zu den Konzerten den vollen Preis entrichten.

Auf den aktiven Mitglieder lastet natürlich die gesamte Arbeit, die mit der Organisation der Konzerte verbunden ist und das war und ist nicht wenig. Darüber haben wir schon einiges gehört. Besonders arbeitsintensiv war es in Thyrow und im Vestibül des Clubhauses. Aber auch danach gab es Arbeit en masse während der Vor- und Nachbereitung der Konzerte. Da mussten Werbeplakate gehängt werden im Umkreis und am nächsten Tag wieder abgehängt werden. Im Mehrzweckraum musste der Saal mit der Bestuhlung vorbereitet werden, d.h. jeder einzelne Klappstuhl wurde aus dem Lagerraum an Ort und Stelle gebracht, die Tische wurden platziert und der Raum dekoriert. Die Bühne musste aufgebaut werden. Nach der Veranstaltung natürlich alles wieder retour. Die Räume mussten besenrein hinterlassen werden. Hinzu kam die ganze Arbeit mit der gastronomischen Betreuung der Konzertbesucher und der Band. Im Vorfeld wurden erst einmal die Getränke beschafft und an Ort und Stelle gebracht. Dies geschah mit privaten PKWs. Nach dem Konzert wurden dann die nicht verkauften Getränke auf Privatgrundstücken eingelagert bis zum nächsten Konzert. Andreas Kr. sagt dazu *„Früher haben wir die ganzen übrig gebliebenen Getränke, also Bierkisten, Schnaps, Säfte etc. nach Hause karren müssen und sie dort zwischengelagert (im Keller des kleinen Einfamilienhauses) Wir sind Kette gefahren mit drei Autos und alles vom Veranstaltungsort rausschleppen in die Autos, runter in den Keller oder rein in die Garage eines Gartengrundstücks und beim nächsten Mal wieder zurück, das kannst du dir nicht vorstellen. Wir waren denke ich manchmal ein bisschen bekloppt"* Später war der Aufwand in dieser Hinsicht nicht mehr so groß, weil dann die Möglichkeit bestand, die restlichen Getränke im Keller des Clubhauses zwischenzulagern. Außerdem hatte man später auch einen kulanten Getränkehändler gefunden, der bereit war, restliche Getränke zurückzunehmen, auch wenn die Kisten nicht voll waren. Trotz allem war und ist immer genügend Arbeit für die Clubleute vorhanden, um die Durchführung der Konzerte zu ermöglichen.

Daher sollte ich die „Crew" an dieser Stelle einmal namentlich benennen. Gut aufgeteilt sind die einzelnen Aufgaben. Am Einlass begrüßen die Besucher meist Andreas Krizek und Bernd – Dieter Hennig.

**Am Einlass werden die Besucher
oft persönlich begrüßt**

**Von links: Simona Martin, Ortwin Loppien, Heike Horst
Jana Hinz**

Der Verein „On Tour"

An der Bar bedienen uns Simona Martin und Jana Hinz. Im Hintergrund des Tresens wirken meist Heike Horst, die Schwester von Andreas Krizek, und Ortwin Loppien, vorrangig zuständig für die Gläser – Wäsche und andere anfallende Arbeiten. Ein weiteres Vereinsmitglied ist Michael Horst, der verantwortlich für die Versorgung der Bar und für die Spülmaschine ist. Lobend erwähnt Beate auch den Fleiß ihrer Barmädels und ich bin sicher, sie meint auch die übrigen Vereinsmitglieder mit ihren entsprechenden Aufgaben.
Ein weiteres Aufgabenfeld ist die Gestaltung von Flyern und Plakaten und die Pflege des Internetauftritts. Für die Gestaltung der Webseite haben sie sich professionelle Hilfe geholt, aber die Pflege dieser Seite und das

Füllen mit aktuellen Inhalten wird von Andreas Kammer übernommen. Auf Instagram gibt es auch eine Präsenz, die Beate betreut. Ebenso ist man auf Facebook präsent. Werbung ist natürlich sehr wichtig, denn wenn zu wenig Leute von den Konzerten wissen, fehlen die Einnahmen in der Kasse, um die Unkosten zu decken. Dabei war dem Verein vor allem die MAZ eine große Hilfe, denn sie hat eigentlich immer und noch dazu unentgeltlich vor den Konzerten kleine Artikel gebracht, die viele erreicht haben. In den kostenlosen Zeitungen wie „Wochenspiegel" oder und „Ludwigsfelder Bote" erschienen ebenfalls unentgeltlich Hinweise auf die Konzerte. Dagegen hätte der „Blickpunkt" nicht zu knapp dafür bezahlt werden müssen, wenn für die Veranstaltung geworben werden sollte. Diese Möglichkeit nahm der Verein allerdings nicht in Anspruch, denn das überstieg ihre finanziellen Möglichkeiten. Beate gab zu, dass in puncto Öffentlichkeitsarbeit einiges mehr gemacht werden könnte. Bisher war es aber so, dass die Zeit dafür oft nicht gereicht hat und auch keiner so recht da war der vom Interesse her bereit war, z.B. im Nachhinein, eine Rezension der Konzerte an eine Zeitung zu geben oder auch den Internetauftritt noch zu verbessern indem die Rückschau besser dokumentiert wird.

Beate Kammer trägt die Hauptlast bei den administrativen Aufgaben, also den Absprachen mit den Trägern der Veranstaltungshäuser und mit Ämtern, mit der Buchung der Bands und der Zusammenarbeit mit den Agenturen, um nur Beispiele zu nennen.

Daher fragt man sich, warum nehmen die Mitglieder des Vereins diese ganzen Strapazen auf sich und zahlen monatlich noch dazu einen nicht geringen Betrag? War es die Belohnung, wenn am Abend der Veranstaltung alles reibungslos funktionierte und die Konzertbesucher mit zufriedenen Gesichtern nach Hause gehen konnten, oder war es die Gemeinschaftliche Anstrengung bei der gesamten Aktion? Oder war es die Gemeinschaft über die Konzerte hinaus, die gemeinsamen Zusammenkünfte in Vorbereitung der Konzerte oder wenn man sich einfach nur zum Grillen traf? Waren es die gemeinsamen Fahrten, die bisweilen unternommen wurden (es wurden schon Fahrten nach Dublin und Barcelona organisiert. Auch fuhren sie mit dem Kulturzug nach Wrocław (Breslau), der damaligen europäischen Kulturstadt)? Ich denke es war alles zusammen was eine Atmosphäre entstehen ließ mit dem Gefühl *„wir wuppen das, auch wenn es manchmal schwierig ist"*. Dabei kommt Beate als Chefin des Vereins, wie ich hörte, ein besonderer Verdienst zugute. Sie ist nicht nur die Macherin, die oft Ideen umgesetzt hat, sondern sie ist auch diejenige welche die Vereinsmitglieder immer wieder motiviert hat in schwierigen Situationen weiterzumachen oder dafür zu sorgen, dass der Laden läuft. Aber wichtig ist im Prinzip ja immer der Abend und da funktioniert das. Beate ist immer wieder überrascht, wie Klasse sie funktionieren, dass auch jeder weiß, was zu tun ist und sie mittlerweile Rekordzeiten hinlegen mit Aufbau und Abbau, weil das ein eingespieltes Team ist.

So wird nach den Konzerten, wenn die Zeit dafür ist, noch einmal zusammengesessen und der gelungene Abend gefeiert oder aber darüber gesprochen, was zu verbessern wäre. Aber immer hat Beate dabei im Hinterkopf, dass alle freiwillig dabei sind und ihren Beitrag leisten. Deshalb schafft sie es auch Kritik, falls nötig, auf eine konstruktive Weise zu äußern, ohne jemanden zu verletzen. Aber im Allgemeinen ist das gar nicht notwendig und man kann sich gemeinsam über ein gelungenes Konzert freuen. Beate sagt dann noch über den Abend des Konzerts: *„ ... da mache ich mir einen schönen Abend, das muss ich echt mal sagen, weil dann bin ich fertig mit meiner Arbeit. Ich bin immer da, wenn Fragen sind und so, und kann mich dann auch mal den Gästen widmen oder mal so ein bisschen Spaß haben. Es ist ja auch wichtig, dass immer jemand da ist, der auch sein Ohr an der Masse hat. Wie gefällt es den Besuchern, wie ist die Reaktion auf die Musik und gibt es noch irgendwelche Kritik oder im besten Fall Lob? Jetzt können die anderen mal ran.“*

Um zu verdeutlichen welche Schwierigkeiten im Verlaufe der Vereinsgeschichte auftraten, habe ich mit „den Dreien“ auch über die Risiken gesprochen, die man eingegangen ist. Beate kommt selbst in beruflicher Hinsicht aus dem Controlling, wo sie über viele Jahre Erfahrungen gesammelt hat und sie weiß, dass man den großen Rahmen des Ganzen im Auge behalten muss. Nur war es jetzt auf einmal so, dass die Unerfahrenheit in der neuen Branche es erschwert hat die Risiken richtig einzuschätzen. Aber lassen wir Beate selbst zu Wort kommen: *„Sagen wir mal, wir sind mit der Vereinsgründung sehr risikofreudig gewesen. Und das ging also so weit, dass wir finanzielle Verluste hatten, die wir mit Privatvermögen von guten Freunden, die uns auch unterstützt haben, ausgleichen mussten. Über einen privaten Kredit, den wir dann zurückgezahlt haben. Ansonsten hätten wir dicht machen müssen. Ja, die finanziellen Risiken waren und sind groß. Trotzdem gibt es im Jahr, also im Durchschnitt der Veranstaltungen, 50 % die daneben gehen, 50 % die gehen so, dass es sich einigermaßen ausgleicht. Aber wirklich nur mit Förderung und unserem Mitgliedsbeitrag, sonst würde es nicht funktionieren"*. Zum Thema Risiken passen dann auch über uns alle hereinbrechende Ereignisse wie die Corona – Pandemie und der Ukraine Krieg, die ihre Schatten auch über den Verein warfen und mittelbar oder unmittelbar die Risiken verstärkten. Andreas erinnert sich an die Zeit unmittelbar vor Corona. Er sagt, dass es richtig gut lief und dass bei jedem der Konzerte mehr als 100 Besucher anwesend waren. Das kann ich bestätigen, denn im Januar '20 war ich selbst bei Manu Lanvin aus Frankreich, der auch ein schönes Konzert abliefern. *„Das Publikum war begeistert vom beseelten, als auch voller Power steckenden Blues. Manu Lanvin & The Devil Blues ... immer wieder gerne"* So drückte es ein Konzertbesucher aus und dem kann ich eigentlich nichts hinzufügen. Danach kam dann noch im Februar das Konzert mit der „Climax Bluesband" an dem ich leider nicht anwesend war, aber Andreas erinnert sich gern an diesen schönen Abend, den er nicht so schnell vergessen wird. Gleiches kann man für die meisten der Konzertbesucher annehmen. Und dann kam die Zäsur, die alle Aktivitäten für lange Zeit auf Eis legte. Wir sprechen also von dem Zeitraum März 2020 bis April 2022 (wenn man mal von den Unterbrechungen mit zwei Open Air und drei Konzerten absieht) Wie wir alle erfahren haben, waren in diesem Zeitraum kaum Veranstaltungen in Innenräumen möglich und selbst wenn das mit Maske und Hygienemaßnahmen erlaubt war – wer würde so etwas wollen. Also wurden die meisten Konzerte abgesagt. Dazu meinte Andreas Kr. *„Wobei nicht zu vernachlässigen ist, dass Corona uns ein gewaltiges Loch geschlagen hat. Denn in der Zeit, wo nichts war, sind nämlich Gewohnheiten eingebrochen. Die Leute, die sonst gewohnt waren, zu uns zu kommen, einmal im Monat und plötzlich ein Jahr nicht, die kommen dann oft nicht mehr."* Und Andreas muss es schließlich wissen. *„Gewisse Leute sind nicht mehr gekommen und weil ich meistens an der Kasse sitze, kenne ich ja jede Person so halbwegs und dann merkst du, wer kommt und wer nicht. Also da haben wir, denke ich mal, so 20 bis 30 Leute verloren, die nicht mehr kommen. Dazu kam dann noch diese ganze Problematik mit dem Ukraine - Krieg, diese Unsicherheiten, was kostet jetzt meine Heizung und da sind die Leute einfach auch wieder zu Hause geblieben. Wir haben es auch an der Kasse gemerkt und ebenfalls am Tresen. Die Leute waren zurückhaltender und haben auch weniger getrunken, also sank der Umsatz und damit die Einnahmen. Nach Corona haben wir die ersten vier Veranstaltungen mit Verlust abgeschlossen".*

Aber wie geht man mit solchen Verlusten um, wenn jedes Konzert wieder eine Zitterpartie wird ob die Einnahmen ausreichen werden. Da wurde im Verein natürlich über Gegenmaßnahmen beraten und da sind wir beim Thema Sponsoring und Förderungsmöglichkeiten. Beate erwähnte, dass es in der Anfangszeit ein paar private Sponsoren gab, dass es sich aber in kleinerem Rahmen hielt. Andreas' Firma „Lok Trans" gab schon mal 200,00€ ansonsten hatte auch die Sparkasse beigetragen allerdings konnte davon auf Dauer keine Sicherheit gegründet werden. Deshalb war über lange Zeit die Stadt Ludwigsfelde der Hauptsponsor, wenn man so will, denn das Geld wurde über einen Förderantrag ausgereicht und es musste im Nachgang belegt werden, wofür die Gelder verwendet wurden. Dieser Förderantrag musste natürlich in jedem Jahr aufs Neue gestellt werden. Beate dazu: *„Jetzt erst zu unserem 10-jährigen Jubiläum bin ich Klinkenputzen gegangen und habe viele Firmen hier in der Stadt angeschrieben und angefragt. Und da sind auch, von den angefragten Firmen 50 % mittelständische die uns unterstützt und gespendet haben. Hinzu kamen andere Fördertöpfe, die mir noch nie so bewusst waren. Und das ist auch so ein Feld. Damit muss man sich erst mal beschäftigen. Das haben wir so ein bisschen vernachlässigt. Also da kann man natürlich das Risiko des Vereins mildern, aber das ist viel Arbeit, viel Papier"* Wie deutlich wurde lag die ganze Arbeit mit der Beantragung und den Anfragen im weiten Rund von Ludwigsfelde allein bei Beate und das ist auch weiterhin gut so, dass in dieser Beziehung alles in einer Hand liegt wie auch Beates Mitstreiter meinen. Als Folge des Spendenaufkommens und der eingehenden Fördergelder sank dann das Risiko. Andreas Krizek meint dazu: *„Wir waren dann auf einmal stolz wie die Ritter als unser Budget so hoch war, dass wir wussten, bei der nächsten Veranstaltung kann uns nichts passieren. Wir haben ja früher von der Hand in den Mund gelebt und meistens hat die Kasse nicht gereicht, um die Band zu bezahlen. Und unser großes Ziel war, den Punkt zu erreichen, dass es einen Vorlauf in der Kasse gibt und wir die Band schon mal bezahlen können, ohne zu wissen, wieviel Leute kommen. Es ist immer so ein großes Ziel, dass die Angst weg ist, die wir immer im Nacken hatten, denn der Verein haftet privat. Also ein Ausschlusskriterium, wenn wir da wieder hinkommen, dann finden wir, wer soll das privat machen und warum? Also dann eher die Brocken hinschmeißen. Aber mittlerweile sind wir nicht mehr in dem Strudel"* Und doch gibt es immer wieder Hürden zu überwinden, die nicht einfach zu nehmen sind. Nehmen wir einmal die großen Stadtfeste wie z.B. das letzte Sommerfest mit dem Open Air wo es eine enorme finanzielle Bindung gab. Dieser erhebliche Batzen an Kosten musste mit finanziellen Mitteln des Vereins untersetzt werden. Das ging schon bis in den fünfstelligen Bereich. An dieser Stelle gibt es viel Lob von den beiden Andreassen für Beate, denn sie war es die dafür umher gerannt ist in den Verwaltungen, um den Ablauf und die Finanzierung zu sichern. Andreas Kr. Meint dazu:

„Das ist unglaublich. Und gar nicht jeder kann das. Du musst ja erstmal gucken, und dich mit diesem Verwaltungsapparat

auseinanderzusetzen und ihn durchdringen. Und da sind eigentlich eher, denke ich mal, Frauen prädestiniert. Also, da sind wir Männer eigentlich nicht so geeignet. Aber so jemand wie sie, wenn du so ein Zugpferd wie Beate nicht dabeihast, kannst du einpacken. Also zum Amt zu rennen und die Bürokratie zu bewältigen, die notwendig ist".

Letztendlich wurden alle Hindernisse aus dem Weg geräumt und das Publikum konnte schon einige Open Airs genießen und auch Regen, der z.B. im letzten Drittel bei der Rolling Stones Coverband „Brown Sugar" auftrat konnte dem keinen Abbruch tun und auch die Finanzierung war geklärt trotz vielleicht nicht ganz so vielen Besuchern wie es wünschenswert gewesen wäre.-

Wir erinnern uns, dass der Musikgeschmack der Gründungsmitglieder eine entscheidende Rolle für die spätere Auswahl der Bands darstellte. Man war sich einig dass das Profil im Wesentlichen Blues, Blues – Rock, Folk und Singer – Songwriter umfassen sollte. Wie wir bereits erfahren haben wurden in der Anfangszeit, als es noch keinen Verein gab und dann auch noch nach der Gründung des Vereins die Bands noch persönlich angesprochen. Man kannte Musiker, die in Bands spielten und lud diese dann ein oder man fuhr zu Konzerten und traf dort die Bands und konnte so Kontakte knüpfen. Sonst gab es erst einmal nur eine weitere Möglichkeit, nämlich über das Internet die Kontakte zu knüpfen, aber das war schwierig, zumindest mit internationalen Bands. Im Laufe der Zeit aber, als die Konzerte größer wurden und bekanntere Bands spielten, die mehr Publikum anzogen, entfaltete der Verein eine gewisse Breitenwirkung. Daher kamen dann die Agenturen ins Spiel. Beate sagte zu diesem Thema folgendes: *„Und das mit den Agenturen, das kam später und erst richtig nach den Konzerten in Thyrow. Genau wo dann auch die Agenturen aufmerksam wurden und wir gesehen haben, wenn wir internationale Musik hierherbringen wollen, dann müssen wir im Prinzip mit einer Agentur zusammenarbeiten, weil es nur über Agenturen geht. Die finden was, wo wir finanziell auch reinpassen. Wir haben uns bei Agenturen vorgestellt oder sie haben uns selbst schon kontaktiert, weil wir doch schon eine kleine Außenwirkung hatten. So sind wir über sie zu den Kontakten mit den Bands gekommen“*

Im Vorfeld also wurde mit der Band oder später mit der Agentur der Vertrag gemacht. Zwar hatte die Zusammenarbeit mit der Agentur einige Vorteile hinsichtlich der Auswahl der Bands und der Abwicklung der Verträge und doch verdiente die Agentur natürlich auch mit und die Preise für die Bands stiegen im Laufe der Zeit und besonders nach der Pandemie, wie man sich vorstellen kann.

Mittlerweile sind die Ticketpreise in der Musikszene entsprechend in die Höhe gegangen, aber der Verein hat sich dabei immer noch so ein bisschen zurückgehalten und hat sich nicht so recht getraut, den Trend mitzumachen. Also war der Eintrittspreis immer noch recht human im Vergleich. Und selbst wem der Eintrittspreis zu hoch war, dem wurde spätestens am Tresen klar, dass es in Ludwigsfelde insgesamt günstiger war als z.B. in Berlin. Manche haben es dann zugegeben, wenn sie nach

Berlin gefahren wären, hätten sie fast doppelt so viel ausgegeben und für die Getränke ganz bestimmt.

Letzten Endes musste man sich bei der Entscheidung, welche Bands man ins Programm nehmen wollte, neben dem finanziellen Rahmen auch auf das Bauchgefühl verlassen, denn nicht immer kannte man die Bands aus eigenem Erleben und sonst bestenfalls von YouTube. Nur live ist es dann doch etwas anderes und die Frage war, würde es mit der Band funktionieren. Aus eigenem Erleben kann ich aber bestätigen, dass es jedenfalls in eigentlich allen Fällen funktioniert hat.

Auf die Frage angesprochen, wie der Kontakt zu den Bands war, hat Beate geantwortet: *„Den direkten Kontakt zu den Bands, den hatten wir eigentlich erst am Abend des Konzertes. Wir hatten aber immer einen guten Kontakt, der recht offen war und völlig easy. Speziell mit den ausländischen Bands, konntest du immer im Backstage – Bereich oder am Tresen noch einen Schwatz machen und konntest, wenn du wolltest über Facebook noch in Kontakt bleiben."*

Wenn wir dann mal hinter die Kulissen und in den Backstagebereich schauen könnten, würden wir sehen, dass die Bands kulinarisch gut betreut werden. Es werden für die Bands immer Schnittchen, Süßigkeiten, Obst, Kaffee zur Verfügung gestellt. Außerdem gibt es ein warmes Essen in Kooperation mit einer Gaststätte. Also beklagen können die Bandmitglieder sich also nicht.

Beate sagte, es überwiegen die positiven Erfahrungen mit den Bands bei Weitem. Es gibt sogar bisweilen Dankesreden von den Bands, die vor ihnen gehalten werden, indem sie ihren Gefallen an dem schönen Abend und dem begeisterten Publikum kundtaten. Manches Mal wurden sie umarmt von den Musikern, die ihre Freude und Sympathie ausdrücken wollten. *„Mensch, wie toll war das bei euch?"* war so ein Satz, den sie öfter gehört haben. Andreas Kammer erzählt weitere Erlebnisse mit den Musikern. Eine Begebenheit gab es mit dem Bassisten von Ben Granfelt, dessen Gurt vom Auto kaputt war. Am Abend des Konzertes wurde ihm geholfen. Ein Freund, Peter Teichmann, ging in seine Werkstatt und löste das Problem und reparierte den Gurt. Und der Musiker war so glücklich, denn Musiker sind immer im Stress auf einer Tournee, weil sie weitermüssen. Noch dazu hatte Ben Granfelt selbst seine Weste dort vergessen. Die Weste haben dann Clubmitglieder kurzerhand am nächsten Tag hinterher gebracht zum Konzert nach Reitwein.

Jay Ottaway hatte seine Gitarre nach dem Konzert im Hotel vergessen und man unternahm Anstrengungen, sie ihm wieder zukommen zu lassen. Es wurde hinterher telefoniert, doch er war bereits in Boston. So konnte seine Freundin, die in Deutschland lebt, die Gitarre in Ludwigsfelde abholen. US Rails haben auch im Nachhinein geschrieben, wie toll es bei uns war und dass sie jederzeit wieder dort spielen würden. Beate sagte, dass so einige auch gleich wieder bei uns spielen wollen, weil es ja so schön war, nur lässt sich das nicht oft realisieren.

Der Anspruch ist eher vielfältig zu bleiben und nicht immer Wiederholungstäter. Trotzdem gibt es in der langjährigen Auflistung der bisherigen Konzerte schon ein paar Dopplungen. Und wenn das mit einigem Abstand erfolgt – warum auch nicht?

Also als Fazit: Bis auf ganz wenige Ausnahmen blieben für den Verein die vielen positiven Erlebnisse mit den Bands, das Wohlwollen und auch die Dankbarkeit über die erstklassige Betreuung, über die schöne Location und überhaupt die Auftrittsmöglichkeit vor interessiertem Publikum in Erinnerung.

Eingangs wurde deutlich, wie wichtig der Freundeskreis für das gesamte Projekt der Vereinsgründung und dem Fortbestehen und auch bei der Bewältigung von Krisen war. Einmal gab es den inneren Kreis, der sich auch entwickelte und festigte und der für das Funktionieren der Abläufe bei der Durchführung der Konzerte wichtig war und ist. Zudem gibt es Freunde, die immer oder auch nur sporadisch zu den Konzerten kommen. Andreas Kr. sagt in diesem Zusammenhang: *„Die Welt ist kleiner geworden für alle. Man tingelt nicht mehr so oft durch die Gegend und ich freue mich als Erster, weil ich am Einlass sitze, wenn da jemand kommt, den ich dann schon drei oder vier Jahre nicht gesehen habe. Das ist schon toll und sie kommen auch wegen uns, die wissen auch, dass noch mehr Leute da sind, die sie schon lange kennen. Und die wissen halt, bei uns gibt es weder Klopperei und Reibereien unter den Gästen. Aber es gibt auch, muss ich sagen, neue Leute, die sehr interessiert sind und die schon mitkriegen, was bei uns läuft und die dann die Sachen*

*hinterfragen und die sagen 'das ist toll, dass ihr so was macht',
denn das ist ja nicht die Regel, die Gemeinnützigkeit als Aus-
laufmodell. Und wir bezahlen ja dafür, dass wir das machen
dürfen im Grunde genommen, und das ist an sich eine einzig-
artige Sache. Und es gibt auch Leute, die sich darüber bewusst
sind und die noch mal ein Dankeswort verlieren."*
Man könnte diese Haltung uneigennützig nennen oder
Selbstlosigkeit, aber ist es wirklich so? Und ja, wenn
man es vom monetären Standpunkt aus betrachtet,
dann ist es so, denn unterm Strich kommt für jedes
Clubmitglied kein finanzieller Gewinn heraus, sondern
eher das Gegenteil. Und dieser Umstand ist allein schon
achtenswert in der heutigen Zeit, in der viele nach Mehr
lechzen. Mehr von allem, besonders vom Geld aber auch
unsere Clubmitglieder bekommen Mehr: Und zwar
mehr Zusammensein mit guten Freunden, mehr gemeinsame Erlebnisse bei der Clubarbeit, immer wieder
tolle Konzerte aber auch Anerkennung von Konzertbesuchern, die mal darüber nachgedacht haben wie die
Konzerte an diesem Ort zustande kommen, auch wenn
viele das nicht mitbekommen dürften, was da geleistet
wird. Jetzt lasse ich Beate noch einmal zu Wort kommen: *„Deswegen brauchst du viele Leute, die unterschiedliche
Stärken mitbringen und die auch bereit sind, uneigennützig zu
arbeiten. Die wissen, dass sie nichts dafür kriegen. Aber letztendlich führt das gemeinsame Organisieren immer wieder zu
freudigen Erlebnissen. Und wenn dann abends Schluss ist mit
dem Konzert, dann sitzen wir alle noch zusammen am großen
Tisch. Und obwohl sie eigentlich alle nach Hause wollten, kann
man so etwa in 20 Minuten den ganzen Abend nochmal Revue*

 Ich denke und hoffe, dass Beate von den Clubmitgliedern ebenfalls ein Dankeschön erhält, denn wie ich das sehe – ohne sie wäre der Verein nicht entstanden und über die ganzen Jahre erfolgreich.

Bleibt nur noch zu hoffen, dass es eine lange Zukunft für den Verein gibt und dass das Publikum sich weiterhin über tolle Konzerte freuen kann. Und in diesem Sinne freuen wir uns auf das nächste Konzert mit Kofi Baker, dem Sohn von Ginger Baker mit einem *Cream* – Special.

Weil es mit der Fertigstellung meines Buches doch etwas länger dauerte als gedacht, liegt dieses Konzert bereits hinter uns. Und es lohnt sich, kurz auf dieses Ereignis einzugehen. Am 18.März 2024 traten also Kofi Baker, Malcolm Bruce (der Sohn von Jack Bruce) und Roy Johnson in Ludwigsfelde im Rahmen ihrer „Live in Europe Tour" auf die Bühne. Herzlich begrüßt wurden sie von Andreas Krizek, der in seiner kleinen Rede die Bedeutung von *Cream* würdigte und sich glücklich zeigte, dass zwei der Söhne in die Fußstapfen ihrer Väter traten und diese wunderbare Musik wieder zum Klingen brachten. Das Publikum sah das ebenfalls so und begrüßte die Musiker mit lautstarkem Applaus. In den folgenden zwei Stunden des Konzerts erklangen viele altbekannte Hits von *Cream* wie „*I'm so Glad*", „*Sitting on Top of The World*", „White Room" und nicht zu vergessen „Sunshine of my Love". Der Titel „*I Can't Find My Way Home*" von Blind

Faith war u.a. auch dabei. Kofi Baker glänzte mit einem Schlagzeugsolo und machte seinem Vater alle Ehre. Auch wenn es für das Trio schlicht nicht möglich war, das Original zu kopieren, war das Konzert sehr beeindruckend und die Gäste konnten in Erinnerungen schwelgen. Der größte Teil des Publikums dürfte das Original nicht Live erlebt haben, weil sie aus dem Osten kamen. Jedoch kannte man Cream ganz bestimmt aus Radio und Fernsehen und einige werden auch ein Album von ihnen im Plattenschrank haben, wie ich es hatte. Nach der Zugabe wurde die Band noch vom Publikum gefeiert und ein Foto entstand mit den Bandmitgliedern und Beate und Andreas Kammer und Andreas Krizek.

„Live in Lu" meets „Sons of Cream"

Ein paar Bilder von Höhepunkten der vergangenen Jahre folgen

Ob nun irischer Abend, OpenAir oder hochklassige Bluesbands
„Live in Lu" ist immer gut für einen Konzertbesuch!

Abschließend ein Kommentar zur Arbeit des Vereins aus dem Archiv des Facebook Auftritts:

„Musik tröstet, sie berührt dich tief im Inneren, sie kann beflügeln, sie kann dich zum Nachdenken bringen, sie umarmt dich, sie muntert dich auf, sie gibt dir Kraft, Musik überwindet alle Grenzen... und vor allem bringt sie Menschen zusammen

Ich wollte einfach mal DANKE sagen, danke an die Menschen, die ich durch die Musik kennengelernt habe! Durch euch und die Musik wird das Leben bunt"

Besser kann man es meiner Meinung nach nicht formulieren!

Bisherige Konzerte „Live in Lu" in verschiedenen Locations

2013/14
- Wunderbundt Freiberg Rio Reiser
- Tony Jack Berlin Rock
- Lausitz Blues Lauchhammer Blues
- Blues Rudy Wittenberg Blues
- Tom Blacksmith Berlin Soul/Blues
- Cheap Trixx Berlin Soul/Funk
- The Strings Potsdam Tom Petty-Cover
- Solid Dogs Potsdam Rock
- Frankie goes to Liverpool Berlin Beatles-Cover
- Jamie Faukner Australien Singer/ Songwriter Muddy Feet
  Berlin Southern Rock
- Pass Over Blues Potsdam Blues
- Slideriders Berlin Acoustic Rock
- The Freins Potsdam Dire Straits-Cover
- Caro Jordanow Berlin Singer/ Songwriter
- White Rabbit Dynamite Berlin Rock
- BluesBabyBlues Potsdam Blues/ West Coast
- Simple Strings Cottbus Acoustic Folk
- Double Vision Erfurt Blues Rock
- Bobo (In White Wooden Houses) Berlin Singer/ Songwriter
- Polis Plauen Deutschrock
- Nandha Blues Italien Blues
- Lizard Stuttgart Southern Rock

2015

- 30.01.2015 Konzert Cliff Stevens Band (CAN) im LISUM
- 27.02.2015 Konzert Frankie goes to Liverpool – Beatles Tribute im Klubhaus Lu,
- 14.03.2015 1. Saint Patrick's Party mit Aberlours (Irish Folk) im Klubhaus ,
- 10.04.2015 Konzert The Strings Band mit Partyrock im Klubhaus,
- 23.05.2015 1. Pfingstkonzert mit Todd Wolfe Band (USA) im LISUM,
- 13.06.2015 Konzert Cheap Trixx (Funk/Soul) im Klubhaus,
- 25.09.2015 Spätsommer Konzert mit Ben Granfelt Band(FIN) im LISUM,
- 16.10.2015 Konzert mit Tony Jack „Dawn Right Rock 'n Roll" Klubhaus,
- 21.11.2015 Singer/Songwriter Abend mit Sarah Smith Duo (CAN)
- 19.12.2015 1. Weihnachtsblues von Live in Lu mit Pass over Blues

2016

- 22.01.2016 Cliff Stevens Band (CAN) , LISUM Ludwigsfelde
- 16.02.2016 Franky goes to Liverpool- The Beatles Experience, Klubhaus, Lu
- 12.03.2016 2. Irischer Abend mit Folks Sake, Lounge Klubhaus, Lu
- 16.04.2016 Lord Bishop Rocks (USA) , LISUM Ludwigsfelde
- 21.05.2016 Axel Merseburger Trio , Klubhaus, Lu

- 17.09.2016 TB Session Band, Blues, Klubhaus, Lu
- 14.10.2016 John Campbelljohn (CAN), Lounge Klubhaus, Lu
- 11.11.2016 US Rails (USA), Singer/Songwriter Super-group, Lounge
- 17.12.2016 2. Weihnachts Blues mit Pass Over Blues, Klubhaus, Lu

2017
- 21.01.2017 Axel Merseburger Trio, Blues/Rock, (D)
- 27.02.2017 The Grand Journey, Americana, Indie Folk, (D)
- 25.03.2017 3. Saint Patrick's Party, Aberlours (Irish Folk), (D)
- 13.05.2017 Flamenco meets Tex Mex Rock, Patricia Vonne und Band (USA)
- 09.06.2017 Frankie goes to Liverpool, Beatles Cover-band
- 23.09.2017 Walker on the Moon, the Music of „The Police", (D)
- 14.10.2017 Jaimi Faulkner und Band, (Aust.), Singer-/Songwriter Abend
- 25.11.2017 Big Fat Shakin, Rock'n'roll Abend, (D)
- 22.12.2017 Weihnachtsblues Party mit TB Session Band, (D)

2018
- 20.01.2018 East Blue Experience (D), Blues/Rock
- 17.03.2018 4. Irischer Abend mit Seldom Sober Company (D)

- 14.04.2018 Gil Edwards Band, Rock on the Road (USA)
- 26.05.2018 Jay Ottaway Band (USA), Country Rock, Folk Rock West Coast
- 15.09.2018 King of the World (NL), Blues
- 19.10.2018 Delta Moon (USA), Blues
- 23.11.2018 Frankie goes to Liverpool, (D) Beatles Experience
- 22.12.2018 4. Weihnachtsparty von „Live in Lu „ Strings Band (D), Best off Tom Petty & the Heartbreakers

2019
- 15.02.2019 Cliff Stevens (CAN) Tribute to Eric Clapton
- 16.03.2018 5. Irischer Abend mit Cobblestone (D)
- April Vereinsfahrt vom 12.4.-14.4. (Hamburg)
- 11.05.2019 Axel Merseburger mit Herr D. u. die 3 Angestellten (D)
- Juni entfällt dafür Vereinsausflug Schöppingen (Bluesfestival)
- 21.09.2019 Ben Granfelt (FIN)
- 19.10.2019 Sarah Smith und Band (CAN)
- 29.11.2019 Fabian Anderhub (Schweiz/CAN)
- 21.12.2019 5. Weihnachtsparty von „ Beatles u.a.“

2020 / 2021
25.01.2020 Manu Lanvin (F), Blues
14.02.2020 Climax Blues Band (GB), Bluesrock
29.08.2020 Open Air TB Session Band(D), Blues
10.07.2021 Lu Festival mit
Ron Evans Group (GB); Vanja Sky (D); Florian Lohoff(D)
11.09.2021 Neal Black (F), Blues
15.10.2021 Timo Gross (D)

13.11.2021 Frankie goes to Liverpool, (D) Beatles Experience

2022

23.04.2022 Zed Michel (D) Blues Rock

25.06.2022 Musik Leben e.V. beim Lu Festival Watershed; Vanessa Harbek, Band of Friends

16.09.2022 Folk Sake′s – Irischer Abend

14.10.2022 Steve Baker Band (D) , Acoustic Blues

18.11.2022 Jaimi Faulkner (Aust) Singer/Songwriter Abend

09.12.2022 Weihnachtsparty von „Live in Lu „ Ron Evans Group (GB) Classic Rock

2023

24.02.2023 Tom Blacksmith & Groove Digger (D); Blues, Soul

25.03.2023 In Searche of Rose (D); irischer Abend

15.07.2023 Open Air – 10 Jahre Musik Leben e.V. mit „Live in Lu "Dakotas; Ghalia Volt; Brown Sugar (Rolling Stones Tribute)

23.09.2023 Frankie goes to Liverpool (D); Beatles Coverband

21.10.2023 Jay Ottaway und Band (USA/D) ; Blues, Country Rock

25.11.2023 Richie Arndt Band feat. Gregor Hilden (D); Blues

22.12.2023 Weihnachtsparty von „Live in Lu „ TB Session Band; Classic Rock

Die Geschichte von „Live in Reitwein"

Erste Bekanntschaft mit dem Verein

2007 kamen wir (d.h. Astrid und ich) erstmals zu einem Open Air, das vom Verein „Live in Reitwein" organisiert worden war. Dieses Open Air fand in Groß Lindow statt, einer Gemeinde am Rand des Schlaubetals. Um von Rangsdorf dorthin zu gelangen, benötigten wir mit dem Auto mehr als eine Stunde Fahrtzeit. Bei unserem ersten Besuch in Groß – Lindow war es ungewöhnlich kalt in der Nacht und wir entschlossen uns zurückzufahren, obwohl wir bedauerlicherweise das Konzert von Henrik Freischlader versäumten. Das Festival zu genießen und dann in der Nacht zurückzufahren, war schon ziemlich anstrengend. Es sollte aber dann noch bis 2014 dauern, bis wir wieder beim „Open Air" in Groß Lindow waren. Diesmal und alle weiteren Male hatten wir ein Quartier in der Nähe gebucht, um nicht die Fahrt nach Hause in der Nacht antreten zu müssen.-

Neben dem Sportplatz gelegen, war das Veranstaltungsgelände in Groß Lindow optimal für das Festival. Im Eingangsbereich liegt das zweistöckige Sportlerheim mit einer großen Terrasse, auf der in den Umbaupausen zwischen den Konzerten meistens ein Blues – Duo seinen Auftritt hat. Im hinteren Gelände befindet sich die große Bühne, auf die man auch von der Terrasse und von der Balustrade des Gebäudes einen guten Blick hat. Seitlich der Bühne gibt es noch ein paar Bankreihen, auf denen man die Konzerte sitzend genießen kann. Die Versorgung wird von der Gaststätte und mobilen Imbiss – und Getränkewagen übernommen. Für die kulinarische Versorgung gibt es Imbissbuden mit durchaus leckeren Angeboten. Schwein am Spieß war z.B. ein Highlight. Die Location und die Musikauswahl haben uns schon beim ersten Mal sehr gefallen. Auf den Zufahrtswegen ist für ausreichend Parkmöglichkeit gesorgt. Zudem gibt es gegenüber noch die Möglichkeit ein Zelt aufzubauen oder sein Wohnmobil aufzustellen, und zwar auf dem alten Hafengelände (Köhlerplatz) mit interessanten Holzskulpturen.

Nach und nach lernten wir weitere Veranstaltungsorte kennen, die vom Verein für Konzerte genutzt wurden. Zuerst kamen wir nach Reitwein, einer kleinen Gemeinde in der Nähe von Lebus. Dieser Ort gab dem Verein den Namen und dort fanden auch zahlenmäßig die meisten Konzerte statt. Die Traditionsgaststätte „Zum Heiratsmarkt" war ideal für die Veranstaltungen des Vereins. Die Gaststätte verfügt über einen mittelgroßen Saal und einen großen Garten, der auch für „Open Air" - Konzerte nutzbar war. Leider kam es vor einiger Zeit zum Zerwürfnis mit dem Kneiper, so dass die Möglichkeit für Konzerte an diesem Ort nicht mehr besteht. (auf der Internetseite des Vereins kann man sich näher über die Gründe informieren) Leider haben wir erst spät in diese Richtung geschaut und waren nur wenige Male in Reitwein dabei und haben daher viele interessante Konzerte versäumt. Wenn wir wieder mal in der Gegend rund um Lebus sind, nehmen wir immer noch

gern Quartier in Reitwein, denn diesen Ort schätzen wir sehr. Man kann von dort aus herrliche Wanderungen auf den „Reitweiner Sporn" unternehmen, der von einigen Wanderwegen durchzogen ist und hat von einem Aussichtspunkt einen herrlichen Blick ins Odertal. Zudem kann man sich dort darüber informieren, welche Rolle diese Anhöhe im Zweiten Weltkrieg gespielt hat, denn es gibt noch ein paar Relikte mit Infotafeln. Eine feste Größe in unserem Terminkalender waren auch die Blues – Rock Konzerte in den Kulturhäusern von Seelow und von Lebus. In der Kleinstadt Seelow finden jeweils im März die Blues – Rock Events im Kulturhaus mit einem ansehnlich großen Saal statt, der schon mal 500 Besucher fasst. Dort treten dann zumeist drei Bands am Abend auf. Die gastronomische Versorgung der Besucher klappt außerordentlich gut. Es ist dafür gesorgt, dass sich die Konzertbesucher wohl fühlen und die Auswahl der Bands trifft zumeist den Geschmack der Meisten. Wir nutzten den Besuch in Seelow auch für den Besuch der Gedenkstätte „Seelower Höhen", wo an die Schlacht um die Seelower Höhen im Zweiten Weltkrieg erinnert wird. Dort verloren mehr als 40 000 Soldaten ihr Leben in diesem sinnlosen Krieg. Außerdem besuchten wir die Überreste der zerstörten Altstadt von Küstrin und das Festungsdenkmal von Küstrin mit dem dortigen Museum.
Zu anderen Terminen gab es dann noch Konzerte in Lebus, der kleinen Stadt unmittelbar an der Oder. Auch diese Gemeinde verfügt über ein großes Kulturhaus, das

für Konzerte bestens geeignet ist. Zudem gibt es unmittelbar an der Oder gelegen eine kleine Altstadt. Von dort aus gelangt man auf dem Uferweg zu den Oderhängen und wenn man zur rechten Zeit kommt, im April, Mai zu den Adonisröschen, die an den Hängen zahlreich ihre gelbe Blütenpracht entfalten.

Ein weiterer Veranstaltungsort befindet sich in Müllrose. Dort haben wir erst einmal ein Konzert besucht: Jürgen Kerth und Band sowie Steve Baker & The Livewires. Das Konzert fand in schöner Kulisse auf dem Rathaushof mitten in der Altstadt statt. Einzig die gastronomische Versorgung war eine kleine Katastrophe, weil das Bier sehr lange brauchte, um den Becher zu füllen, sichtbar an den langen Schlangen. Dies auch zum Ärger des Veranstalters. Trotzdem tat es der Stimmung keinen Abbruch und Steve Baker war das Highlight, denn Kerth hatten wir schon besser erlebt. Ein Spaziergang durch Müllrose lohnt sich jedenfalls. Direkt am großen Müllroser See gelegen, bildet die Stadt das Eingangstor zum wildromantischen Schlaubetal.

Neuerdings kommt mit Dolgelin, einem kleinen Ort von etwa 450 Einwohnern, ein weiterer Veranstaltungsort hinzu, wo der Verein die restaurierte Kirche für Konzerte nutzen darf. Dort hatten wir schon dreimal das Vergnügen, im Frühjahr Konzerte zu besuchen. Die Kirche, erbaut um 1300, wurde im Krieg zerstört und es blieben nur die Grundmauern aus Feldsteinen. Mit viel Engagement und Fördergeldern haben die Dorfbewohner aus der Kirche ein Schmuckstück entstehen lassen, das für vielfältige kulturelle Veranstaltungen neben den

Gottesdiensten, die dort auch wieder abgehalten werden, nutzbar ist. Das Ensemble mit der Kirche, die für das Konzert eine besondere Atmosphäre schafft, dem weiträumigen Außengelände mit Platz für das gastronomische Angebot und die sanitären Einrichtungen und dazu die gegenüberliegende große Wiese für Camping lässt kaum Wünsche offen.

Darüber hinaus gab es weitere Orte, wie aus dem Internetauftritt des Vereins ersichtlich ist. Zu erwähnen wäre da vor allem Rathstock, wo auch in der Anfangszeit zahlreiche Konzerte stattfanden. Die Gaststätte von Rathstock, dem Nachbarort von Reitwein, steht heute leer und ist dem Verfall preisgegeben wie so viele Gaststätten im ländlichen Raum.

Soweit meine persönlichen Eindrücke als Einleitung für die eigentliche Historie des Vereins „Live in Reitwein". Schon vor inzwischen mehr als einem Jahr habe ich Kontakt aufgenommen zu einem der beiden Protagonisten, der die Geschicke des Vereins in den ganzen Jahren seit der Gründung gelenkt hat. Ich habe Wolfgang „Wolle" Conrad meine Fragen gestellt und hatte vor, die Beantwortung dieser Fragen bei einem Treffen zu erhalten. Wolle zog es aber zunächst vor, schriftlich auf die Fragen zu antworten, so dass ich seine Texte hier weitgehend verwenden kann, um der Geschichte des Vereins nachzuspüren. Darüber hinaus gab es noch ein Treffen zwischen uns am Rande des Festivals „Blue Wave" in Binz bei dem noch restliche Fragen beantwortet wurden.

Wolle antwortet auf meine Fragen

(kursive Texte hat Wolle beigesteuert):

Wer sind die Akteure?
„Die hauptsächlichen Akteure sind die aktuell fünf Mitglieder des „Live In Reitwein e.V." und hiervon insbesondere Rossi (Thomas Rosslau) und Wolle (Wolfgang Conrad). Der Vorsitzende des gemeinnützigen Vereins ist Wolle. Wolle obliegt die gesamte schriftliche Arbeit, führt das Archiv und macht das gesamte Booking. Rossi ist vorwiegend für die technischen Abläufe der Veranstaltungen zuständig.

Im Laufe der 30 Jahre waren aber auch immer wieder freiwillig Personen als Helfer tätig, die nicht zum Verein gehören, beispielsweise als Fotografen, als technische Helfer beim Einlass und an der Bühne oder als Fahrer"

Ergänzend dazu kann noch gesagt werden: Rossi ist beruflich als Schwimmmeister in einem Berliner Bad tätig, wohin er von seinem Wohnort Seelow pendeln muss. Wolle war Mathematiklehrer und ist seit 2012 pensioniert. Von der Gründung mit sechs Mitgliedern sind zur heutigen Zeit noch fünf Mitglieder übrig. Das sind neben Wolle, seiner Frau Dorit und Rossi noch Cindy (eine ehemalige Schülerin von Wolle) und Martina. Uwe Zorn (auch er ein Schüler von Wolle in seiner Anfangszeit als Lehrer) war lange Zeit Mitglied des Vereins und gab dem Verein zunächst sogar seinen Namen wie noch berichtet wird, ist aber jetzt nicht mehr dabei aus privaten Gründen.-

Von links oben nach rechts unten: Wolle, Rossi, Dorit, Martina, Cindy, Frank, Micha, Gernot

Welche biographischen Bezüge gab es, die zu „Live in Reitwein" geführt haben? (Spurensuche bis in die DDR – Zeit)

„THEORETISCH war die Idee, Musikveranstaltungen durchzuführen, sowohl bei Rossi als auch bei Wolle, wohl schon seit frühen Jugendjahren vorhanden. Wolle begeisterten bereits ab den späten 1960er Jahren die Jugendtanzveranstaltungen, bei denen in der Regel Amateur – Beatbands aufspielten. Besonders aufregend waren dabei diejenigen Tanzabende in den Sälen privat geführter Gaststätten oder ehrwürdiger alter Ballsäle. Oft hatte auch ein für die Kultur verantwortlicher Funktionär in betrieblich oder kommunal geführten Kulturhäusern freie Hand bei der Auswahl der Tanzkapellen. Dann richtete sich dieser eben nach den wirklichen Bedürfnissen der DDR-Jugendlichen und engagierte die angesagten Beatbands der Region.

Rossi, fast eine Generation jünger, begeisterten als Jugendlicher vor allem die Bluesbands der frühen 1980er Jahre, von denen einige Reste ja immer noch unterwegs sind. Genannt seien hier Keimzeit, Engerling und Monokel. Und diese, Rossis erste Blues-Tanzabend-Besuche, führten irgendwann Ende der 1980er Jahre dazu, dass er meinte, solche „Muggen" auch mal selbst organisieren zu wollen. Das machte er dann auch einige Male, wohlgemerkt also noch zu DDR-Zeiten, und immer in der Umgebung seines Wohnorts Seelow. Er berichtet gern darüber, dass die Leisegangs (von der Band Keimzeit) nach den Muggen sogar Unterkunft in Rossis elterlicher Wohnung fanden.

Diese eigentlich privaten Veranstaltungen von Rossi, bei denen aber durch Mundpropaganda mehr und mehr Besucher, zuletzt bis über 200, erschienen, bildeten gewissermaßen die erste von zwei UR- QUELLEN der späteren Live In Reitwein – Veranstaltungen."

„Die zweite Ur-Quelle kam von Wolle. Der hatte nämlich immer mitten im Sommer der Jahre 1990 bis 1994 sogenannte Sommerfeten im Garten seiner Mietwohnung in Groß Lindow. Die ersten drei fanden in absolut privatem Rahmen statt mit um die 15-20 geladenen Gästen und die Musik kam vom Kassettengerät. Fete Nr. 4 zählte bereits 60 Leute, immerhin kannte man noch jeden, und es spielten die beiden Amateur-Live-Bands Rubbish Heap aus Groß Lindow / Brieskow-Finkenheerd und Backyard aus Frankfurt (O.) / Oderbruch. Nr. 5 zählte am Samstag, den 23. Juli 1994 bereits über 100 Besucher, wovon man freilich nicht mehr jeden kannte.

Beide Ur-Veranstaltungen, die von Rossi und die von Wolle fanden völlig unabhängig voneinander statt. Rossi und Wolle kannten sich seinerzeit auch nur flüchtig. Sie darf man aber als ursächlich dafür bezeichnen, was in den folgenden 30 Jahren entstehen sollte. Bei dieser 5. Sommerfete in Wolles Garten hatten 3 Livebands gespielt. Wieder BACKYARD, die hatten noch eine befreundete Band vom Niederrhein mitgebracht, RUSTY NAILS. Und die damals aktuelle Band der Kult-Sängerin aus dem Oderbruch, Heike Matzer, "OUTFACE THE HEART PACEMAKER".

Rossi hat noch ergänzend berichtet, dass nach der Wende erst mal eine Pause mit den selbst organisierten

Muggen eintrat, aber er erinnert sich an 1994 wo die alte Szene wieder zusammenkam in Reitwein mit Backyard. Dieses Konzert war eine Geburtstagsparty von mehreren (Rossi war gerade 30 geworden) und stellte sich dann als die Geburtsstunde von „Live in Reitwein" heraus. Plötzlich schien das Interesse wieder da zu sein an solchen Veranstaltungen. Das geschah also nachdem andere Dinge in den Vordergrund getreten waren wie die Sicherung der Existenz, denn die Arbeitslosigkeit war, wie wir wissen, in jenen Jahren in die Höhe geschnellt, um nur ein Problem zu benennen. Außerdem stand auf einmal die weite Welt offen und man hatte einiges nachzuholen. Nach dieser Party fanden dann die Konzerte in schöner Regelmäßigkeit statt.

Welche Rolle hat euer Musikgeschmack gespielt und wie hat sich dieser herausgebildet?

Erwartungsgemäß hat Wolle bejaht, dass der Musikgeschmack der beiden „Macher" eine große Rolle für die Buchung der Bands gespielt hat. *„Allgemein gilt für mich und auch für Rossi: Was uns gar nicht gefällt, würden wir niemals engagieren, sei es noch so kommerziell erfolgreich oder auch meinetwegen qualitativ sehr gut oder beliebt beim Massenpublikum oder gar für uns finanziell lohnend.*
Selbstverständlich machen Rossi und Wolle hier und da Kompromisse, wenn z.B. einem von uns etwas sehr gefällt und dem anderen aber nicht. Genau das wird aber manchmal zum internen Problem. Nicht immer ist einer von uns dem anderen

gegenüber so tolerant, um die Musik zuzulassen, die ausschließlich dem anderen gefällt. Das trifft auch manchmal nicht nur auf Musik zu, sondern auch auf Konzepte oder technische Dinge"

Sehr interessant ist auch was Wolle zur Herausbildung seines Musikgeschmacks angibt:

„Meinen Eltern zufolge hatte ich wohl schon mit 5 oder 6 Jahren Lieblingsschlager, die ich wochenlang gesungen haben soll. Die muss ich aus dem alten Olympia-Radiogerät in der Küche zu Hause nebenbei aufgespürt haben. Dann gab es später zwei entscheidende   Knackpunkte.
Als ich 9 oder 10 war, war ich mit meinen Eltern Gast bei einer Konfirmationsfeier. Die Konfirmandin hatte 2 Mädchen eingeladen und eine der beiden brachte ein Tonbandgerät mit. Das lief den ganzen Tag lang nebenbei her. Immer das gleiche Band. Was da abgespielt wurde, hatte ich vorher nie gehört und übertraf alle meine Lieblingsschlager von vorher. Heute weiß ich, dass da z.B. lief: Everly Brothers, Pat Boone, Paul Anka, Chuck Berry, Jerry Lee Lewis, Little Richard, Elvis, Connie Francis, Frankie Avalon, Bobby Darin, Brenda Lee, Shirelles, Ronettes, usw.
Deutsche Schlager waren auch dabei, Lolita mit Sailor oder Jan und Kjeld mit ihrem Banjo Man. Ich weiß, dass es mir zwei Songs ganz besonders angetan hatten. Das waren Charly Brown von den Coasters und Hello Mary Lou von Ricky Nelson. Wahrscheinlich kommt meine Vorliebe für den Country-Anteil gegenüber dem Blues-Anteil bei Rockmusik aus dieser Zeit.

Das Ereignis muss sehr prägend gewesen sein. Ich erinnere mich, dass ich seitdem sehr oft bewusst am Radio hing, um diese Lieder alle wieder zu hören. Die kamen aber nicht, weil ich die richtigen Sender nicht kannte. Dann kam mit 12 oder 13 das zweite Ereignis.
Mein Kinderzimmer war in der Mansarde. Und neben meinem Zimmer hatte der Sohn unserer Nachbarn sein Zimmer. Er war so 16 oder 17 und wollte deshalb im Prinzip nichts mit mir zu tun haben. Aus seinem Zimmer klangen ständig ähnliche Töne wie bei der Konfirmation, aber aus einem Kofferradio „Sternchen". Ich hab ihn dann mal gefragt, was das ist und wo man auf dem Radio so etwas findet. Von da an ging es dann los mit Soldatensender und Radio Luxemburg auf dem Olympia meiner Eltern. Die hatten es einigermaßen toleriert, aber gepasst hat's ihnen nicht"

Soweit zu den Anfängen der Herausbildung des Musikgeschmacks von Wolle. Wie es dann damit weiterging, klang schon in der ersten Frage an. Es war dort auch die Rede von einer „Tingelei" in den frühen Jugendjahren zu Tanzveranstaltungen im weiten Umfeld. In vielen Dorfgaststätten mit ihren Tanzsälen, die schon etliche Jahre auf dem Buckel hatten und nun auch gern von den Kneipern für Jugendtanzveranstaltungen genutzt wurden, fanden sich dafür gute Bedingungen. Da traten dann Beatbands auf, die zumeist Coverversionen von Musik westlichen Ursprungs spielten und ich denke das wird auch seinen Teil dazu beigetragen haben die Vorlieben für bestimmte Musikrichtungen herauszubilden.

Im Übrigen kann man annehmen, dass der Musikgeschmack sich im Laufe der Zeit auch ändern kann, sich schärfen kann oder differenzierter wird. Wolle erzählte später noch, dass er während des Studiums „Franks Beatkiste" mit dem Moderator Frank Schöbel gehört hat, wo durchaus gute Songs westlichen Ursprungs liefen wie z.B. „Blood Sweat & Tears". Wolle hat sogar für die Sendung seine Chorprobe geschwänzt, die er fürs Studium dokumentieren musste und das hat ihm dann noch etwas Ärger eingebracht. Das zeigt schon, dass er für die Musik brannte und dies auch heute noch tut, wie ich mich überzeugen konnte. Auch die Zeit der frühen 70'er Jahre bis 1976 und der Beendigung seines Studiums war eine Zeit in der Wolle viel „Ost Musik" gehört hat und man kann aus heutiger Sicht durchaus behaupten, dass da Einiges dabei war, was auch heute noch, nicht nur für ihn, Bestand hat. Ende der Siebziger hat Wolle dann in ein weiteres Genre der modernen Musik reingehört, und zwar dem Jazz. Er besuchte einige Jazzkonzerte und fuhr mehrmals nach Peitz zum Jazzfestival. Dieses Festival erlebte damals einen Riesenandrang unangepasster Jugendlicher und es durfte dann nur bis 1982 stattfinden, zum großen Ärger auch von Wolle.
Wie Wolle bereits erzählt hat kam es dann nach den Anfängen, als die Beiden selbst Musikveranstaltungen, zuerst im kleinen Rahmen und dann immer größer werdend, organisiert hatten, zur Gründung des Vereins mit seiner inzwischen 30-jährigen Geschichte. Auch in dieser Zeit wird sich beider Musikgeschmack entwickelt haben. Wolle war über die eigenen Konzerte hinaus

sehr viel unterwegs und hat eine Unzahl verschiedener Konzerte besucht, wie man bei *„Live in Reitwein.de"* nachlesen kann.

Wolle meint bezüglich auf Rossi, dass er aufgrund seines jüngeren Alters nicht den komplexen Überblick über die vielen Genres haben kann. Rossi ist sehr an Blues – Rock, Boogie – Rock und allem, wo Gitarren gekonnt gespielt werden, interessiert, wie er mir auch im Gespräch bestätigt hat. Darüber hinaus hat er natürlich in den langen Jahren der Konzerte des Vereins eine Menge Bands kennengelernt, die anderen Genres entstammen. Außerdem ist er auch zu zahlreichen Konzerten unterwegs gewesen, in denen er über den Tellerrand seiner Vorlieben geschaut hat und auch Gefallen fand, z.B. Südstaatenrock oder New Blues aus Amerika. Und trotzdem hängt er schon sehr an der Musik seiner Jugendjahre, als er oft Konzerte von Monokel, Engerling, Klosterbrüder & Co besucht hat. Allerdings hat er zusammen mit Wolle auch den Anspruch, dem Publikum ein abwechslungsreiches Programm zu bieten und nicht immer wieder auf Altbekanntes zurückzugreifen. Wohldosiert funktioniert das Altbekannte jedoch noch immer recht gut, wie das erst in diesem Frühjahr in Seelow anlässlich der 30 Jahre, die Rossi bereits die Geschicke des Vereins mitgestaltet hat, zu erleben war. Dieses Jubiläumskonzert in Seelow wurde auch maßgeblich von Rossi organisiert. Dort spielte dann auch fast die gesamte „Prominenz der Ost – Bluesbands" mit mehr als fünf Stunden Konzerten. Leider war ich nicht dabei. Ich habe mich stattdessen für ein Konzert mit Kofi Baker entschieden, dem Sohn von Ginger Baker, der gleichzeitig in Ludwigsfelde spielte. Jedoch kann ich mir aus Rossis Schilderungen lebhaft vorstellen, dass es ein gelungener Abend mit leuchtenden Augen beim Publikum war. Aus den zahlreichen begeisterten Kommentaren bei Facebook wird das ebenfalls deutlich. Und ich denke, dort in Seelow hat es „Dampf und Druck gemacht" und bestimmt erklang dort „satter Blues – Rock", wie Wolle die Vorlieben seines Kompagnons zitiert hat.

Aus dem Spannungsfeld der verschiedenen musikalischen Entwicklungen der beiden Protagonisten und den sich daraus ergebenden unterschiedlichen Interessen an Musikstilen, die vorgestellt werden sollen, ergeben sich manchmal Probleme, wie wir noch sehen werden.

Wie kam die Idee der Vereinsgründung zustande?

„Der Verein wurde im Januar 1995 als „Rossi, Wolle & Zorn Music e.V." von sechs Personen gegründet. Das war zum Zeitpunkt von Live In Reitwein Nr. 4 mit der Heinz Glass Band und Backyard. Die ersten drei Reitwein-Muggen liefen noch unter rein privater Organisation ab. Ein wesentliches Gründungsmitglied hieß Uwe Zorn, daher der ulkige Name. Den Namen hatten wir erst 2012 in „Live In Reitwein e.V." ändern lassen. Als Grund der Änderung hatten wir damals dem Amtsgericht den folgenden Text geliefert:
'Gemäß unserer Satzung haben wir in den vergangenen 17 Jahren 115 kulturelle Veranstaltungen durchgeführt, davon 83 in der Gaststätte „Zum Heiratsmarkt" der Gemeinde Reitwein. In dieser Zeit

haben wir zu den Bürgern der Gemeinde ein Verhältnis aufgebaut, insbesondere zu den in diesem Zeitraum amtierenden Bürgermeistern, Herrn Tietz und Frau Kurz. Diese Personen und der Großteil der Reitweiner Bürger sind inzwischen stolz darauf, dass die von uns organisierten Veranstaltungen dazu beitragen, dass der Ort inzwischen nicht nur durch das Volksfest „Heiratsmarkt" oder durch die geschichtlichen Ereignisse, sondern eben auch durch unsere Arbeit bekannt wird, und das nicht nur im Ostbrandenburger Raum, sondern tatsächlich weltweit. Unsere Veranstaltungen heißen LIVE IN REITWEIN und sind durchnummeriert. Besondere Freude macht den Reitweiner Bürgern, dass die Events internationalen Charakter haben und neben jungen Musikern aus der Region eben auch z.T. sehr namhafte Bands oder Musiker nach Reitwein kommen. Wir sorgen dafür, dass zu unseren Veranstaltungen die Pensionen des Ortes ausgebucht sind. Geben Sie im Internet etwa bei Google den Begriff Reitwein ein, so erscheint sogleich nach dem Link zur Wikipedia-Seite als zweites der zu unserer Website. Sind wir, die Macher von LIVE IN REITWEIN, woanders unterwegs, werden wir nicht etwa mit unseren Berufen oder Heimatorten in Beziehung gebracht, sondern immer sofort mit Reitwein. Unsere Vereinstätigkeit ist hernach unmittelbar mit dem Ort Reitwein assoziiert. Deshalb wollen wir auch „Live In Reitwein e.V." heißen. Das Wort „Live" im Vereinsnamen assoziiert auch sofort Musik oder zumindest Kultur im weitesten Sinne und nicht etwa Fußball oder Angeln oder Historie'

„Seit 1998 ist der Verein offiziell als gemeinnützig anerkannt. Der Verein wurde gegründet, weil wir nach drei Veranstaltungen den Eindruck gewonnen hatten, dass die Kommunikation mit Behörden, Sponsoren und Agenturen einfacher und problemloser verläuft. Sponsoren sind ohnehin nur zu gewinnen, wenn hinter der Arbeit Gemeinnützigkeit steht".

(Sponsoren waren zum Beispiel die Sparkasse Oder –
Spree , die das Open Air in Groß Lindow unterstützte
und die Stadt Seelow von der eine Zuwendung kam für
die Jubiläumsveranstaltung „30 Jahre Live in Reitwein"
wie mir Rossi dann erzählte).

*„Seitdem der aktuelle Betreiber der ehemaligen Gaststätte
„Zum Heiratsmarkt" kein Interesse mehr an einer Zusammenarbeit hat, haben wir durchaus das Problem, ob der Vereinsname noch passt. Es ist schon manchmal für Außenstehende
verwirrend, dass z.B. im Vereinsname Reitwein steht, der Sitz
in Seelow ist, die Postadresse über Müllrose geht und die Veranstaltung in Groß Lindow ist. Der Name ist aber marken-
rechtlich geschützt und hat sehr wohl seine traditionelle Bedeutung. Nachdem wir eine Weile selbst verwirrt waren, haben
wir uns dazu entschlossen, die Clubveranstaltungen in Lebus
oder Dolgelin oder sonst wo zukünftig auch weiterhin als „Live
In Reitwein Nr. XY" zu bezeichnen."*

Wie wurden die Veranstaltungsorte gefunden?

***„Reitwein (RW 01 - RW 07 und RW 20 – RW 118)** Wolle
hat einige Jahre bis 1984 in Rathstock gewohnt. Reitwein ist
davon 3 km entfernt. Er kannte den Ort und seine Bewohner
gut, weil seine Schüler zum großen Teil aus Reitwein kamen.
Die Verbindung zu einigen Schülern hielt nach dem Weggang
aus der Region an. Einer davon war Uwe Zorn aus Rathstock.
In den Anfangsjahren Mitte bis Ende der 90er Jahre war er der
Kontaktmann zur Reitweiner Gaststätte. Er ist immer noch*

Mitglied des Vereins. Auch deshalb lief in Reitwein alles reibungslos bis RW 07. Da hörte der Betreiber auf und es gab
lange keinen Nachfolger. Wir gingen deshalb nach Rathstock.

Rathstock (RW 08 - RW 14) Der Saal war doppelt so groß
und dreimal so runtergekommen. Die Gaststätte hatte keinen
Betreiber und wir organisierten das Catering für die Besucher
selbst. Irgendwann wurde es unverantwortlich und zu auf-
wändig, da weiterzumachen.
Zur Rathstock-Zeit haben wir erstmals Plakatwerbung gemacht, aber alles, ohne irgendwelche Genehmigungen zu haben. War halt die wilde Nachwendezeit.

Lebus (RW 15 - RW 19) Auch der Saal im dortigen Kulturhaus war seinerzeit abgewirtschaftet und hatte keinen Betreiber. Für ein paar Veranstaltungen war er dennoch ein Kompromiss. Genau wie in Rathstock hatte auch in Lebus nie jemand Miete verlangt. Während der letzten Muggen in Lebus
hieß es, dass sich in Reitwein ein neuer Pächter gefunden habe.
Wir zogen mit RW 20 sehr glücklich wieder nach Reitwein,
hatten aber zwischenzeitlich immer mal wieder auf Rathstock
zurückgegriffen, wenn uns Reitwein zu klein erschien (RW 22,
RW 23, RW 25 sowie RW 27+33 als Open Airs).

Kulturhaus Lebus

*In **Reitwein** erlebten wir insgesamt vier Betreiber. Alle waren naturgemäß in erster Linie auf maximalen Gewinn aus. Trotzdem fand man immer Kompromisse zum gegenseitigen Vorteil. Das war auch anfangs mit dem letzten Betreiber der Fall. Der allerdings meinte zusehends, alles selbst veranstalten zu können, und wollte uns nicht mehr als Partner haben. Alles zu dem Problem steht auf der Webseite des Vereins unter dem Button "Reitwein".*

Während der langen Jahre in Reitwein mussten wir immer mehr Professionalität entwickeln. Der Umgang mit Ämtern und Institutionen wurde immer umfassender, weil die Bürokratie so langsam auch im Osten ankam. Nach ständigen Lernprozessen, auch „Lehrgeldzahlungen" fand man sich aber immer besser in den Prozessen zurecht.

Das größte Problem war damals, die Bürgermeister der Orte, in denen wir Plakatwerbung machen wollten, zu überzeugen, dass die Veranstaltungen einem guten Zweck dienen. Es zog sich über drei Jahre hin, bis die Ortschefs ihren entsprechenden Ämtern freies Geleit zur Bearbeitung unserer Anträge gaben.

Hemmnisse gab es immer dann, wenn in den Ordnungsämtern mal wieder die Ansprechpartner wechselten.

Gaststätte zum Heiratsmarkt in Reitwein

***Groß Lindow**: Ich habe damals in GL gewohnt und alle kannten mich....*

Open Air in Groß Lindow

Seelow: *Rossi wohnt seit 'Jahrhunderten' dort und ist dort allgemein bekannt...*

Folk – Blues in der Kirche Dolgelin

Ergänzend kann vielleicht noch angemerkt werden, dass es für die Auswahl der Veranstaltungsorte natürlich in erster Linie auch wichtig war, dass sie sich von der Größe, dem baulichen Zustand und der Verfügbarkeit eigneten. Also musste man mit den Trägern oder Eigentümern der Liegenschaften übereinkommen, um dort die Konzerte stattfinden zu lassen. Da waren bestimmt einige Schwierigkeiten zu überwinden, kann ich mir vorstellen.

Wie wurden die Kontakte zu den Bands in der Anfangszeit und später geknüpft?

„Sowohl bei Rossi's Pre-Reitwein-Partys als auch bei Wolle's Gartenfesten spielten Bands, die man irgendwoher bereits kannte, weil sie im weitesten Sinne aus der Region waren. Man hatte sie gesehen und direkt vor Ort angesprochen. So lief das im Prinzip auch bei den ersten Reitwein-Muggen bis zur Nr. 34 und bei den ersten vier Groß Lindow – Open Airs.

Es gab da zwischendurch mal einige wenige Ausnahmen. Jürgen Kerth (#6 und #15) hatten wir angerufen, bei Keimzeit (#11, 14, 23) mussten wir den Manager anrufen, ohne den damals schon nichts mehr ging, obwohl Rossi und Leisegang sich von früher sehr gut kannten. Die erste Band, die über eine Künstleragentur gebucht wurde, war Alex Bernard & The Zydeco Alligators (#17). Die Freygang-Konzerte (#22, 31, 34) gingen über Rossi's Kontakte zu Andre Greiner-Pol. Für #25 hatte sich Rossi ein Herz gefasst und Inga Rumpf einfach mal angerufen.

Wir hatten das Glück, dass Inga zu jener Zeit nicht so erfolgreich war und auf der Suche nach neuer Identität. Das war noch, bevor sie mit ihren Kirchenkonzerten wieder in aller Munde war.

Die Hamburg Blues Band (#35) ging über die Agentur von Gert Lange (Sänger HBB). Der Kontakt zu ihm ging über Alex Conti, der damals in Inga Rumpfs Band Gitarre spielte. Die beiden Muggen mit Inga Rumpf und der Hamburg Blues Band zählen wir heute zu den wohl wichtigsten Meilensteinen der Anfangszeit.

Das Jahr 2000 brachte endgültig die Wende zur Arbeit mit Agenturen. Unsere ersten „echten" ausländischen Bands wurden so rangeholt: Rich Hopkins (GL 5) und John Campbelljohn (#39).

Von da an ging's fast nur noch international zu und natürlich fast alles über Agenturen.

Persönliche Einladungen sollten nun die Ausnahme sein. Allerdings wurden auch die drei großen ostdeutschen Muggen (#100, See 5 und die aktuelle See 11) völlig ohne Agenturen zusammengestellt.

Die Agenturen wurden auf uns nach und nach aufmerksam. Inzwischen ist es längst so, dass Wolle täglich per E-Mail Angebote bekommt, auch von internationalen Agenturen.

Ein Beispiel für die Wertschätzung gegenüber unserer Arbeit: Der Manager der legendären San Francisco Band Jefferson Starship, Michael Gaiman, war so begeistert vom Ambiente in Reitwein (#65), dass er meinte: „Oh, what a venue here in the East of East Germany, the spirit is a little like the Fillmore...".

Und ein halbes Jahr später kam von der Agentur sogar der

ernsthafte Vorschlag, die Band zu einem Silvesterkonzert in Reitwein nach D einfliegen zu lassen. Silvesterkonzerte der wichtigsten SF-Bands waren Ende der 60er / Anfang 70s in den großen Konzert Venues von SF sehr beliebt und hatten einen riesigen Stellenwert. Davor hatten wir aber richtig Schiss, weil wir gerade zuvor unser einziges Silvesterkonzert mit den Texas Houserockers aus Berlin gemacht hatten (#61) und sich 60 Leute dahin verliefen... Wir mussten natürlich ablehnen."
(Die Nummerierung mit Raute kann man auf der Seite „Live in Reitwein" unter History finden)

Nach welchen Kriterien wurden die Bands ausgesucht?

„Von Anfang an stand fest, dass bei uns nur Bands auftreten würden, deren Musik UNS in den Bereichen Rock / Blues gefällt. Einbezogen wurden aber zum Teil auch Überlegungen, welche Musik unserem Freundes – und Bekanntenkreis gefallen könnte. Deshalb spielten Folk – oder Jazznummern zunächst keine Rolle. Das Publikum sollte schon erst mal recht zahlreich kommen. Wir wussten ja nicht, ob und wie sich das Ganze finanziell rechnen würde. Die Kompromissbereitschaft war aber bei Wolle und Rossi zu jeder Zeit schon etwas unterschiedlich. Wolle neigte immer schon dazu, bei der Auswahl weniger Kompromisse zu machen, Rossi dagegen mehr. Anfangs hatten wir eingeladen, was regional bekannt und greifbar war und nicht viel kostete. Irgendwann war das Reservoir erschöpft und wir mussten überregional suchen. Später kamen dann die Künstleragenturen dazu. –

Noch nie war die folgende Situation so extrem wie zurzeit: Musik, die Wolle gefällt und vorstellen möchte, birgt die Gefahr finanziellen Einbruchs. Allseits altbekannte, vor allem ostdeutsche Musik, aber zieht das alternde Publikum immer noch in Massen an.

Daraus folgt leider so allmählich die Sinnfrage: Ist das alles noch das, was wir wollen oder wollten...“

Als Wolle die letzten Sätze schrieb, hatte er sich aus dem gemeinsamen Projekt des Vereins zeitweilig zurückgezogen. Indessen organisierte Rossi weitgehend allein das Jubiläumskonzert 30 Jahre „Live in Reitwein“. Offenbar gab es hinsichtlich der Auswahl der Bands für das Jubiläum unterschiedliche Ansichten, doch wie sich bei den Konzerten herausstellte, wurde das Jubiläum ein voller Erfolg, den in diesem Falle Rossi für sich verbuchen konnte. Aber inzwischen haben sich die Wogen wieder geglättet und das Fundament für weitere Zusammenarbeit ist nicht zu Schaden gekommen.

Letzten Endes ist es nicht ungewöhnlich, dass in einer Zweier – Beziehung , sei es in einer Ehe oder in einer geschäftlichen Partnerschaft, hin und wieder Konflikte entstehen. Jedoch die lange Zeit, in der der Verein schon existiert, zeugt davon, dass sich immer wieder geeinigt wurde und die Partnerschaft zwischen Wolle und Rossi mehr oder weniger stabil blieb – und das ist mindestens beachtlich!

Welche finanziellen Risiken wurden eingegangen und gab es Verluste?

"Ganz allgemein und vereinfacht lässt es sich auf den Nenner bringen:

Je mehr Leuten die Musiker bekannt vorkommen, desto geringer ist das finanzielle Risiko. Nun ist es aber nicht die Intention des Vereins, den Besuchern immer wieder nur das vorzusetzen, was sie kennen. Vielmehr wollen wir solche Interpreten anbieten, die uns gut gefallen und von denen wir vermuten, dass sie den Besuchern auch gefallen könnten.

Das klappt auch in den meisten Fällen ganz gut, sodass man mit Plus-Minus-Null oder leichtem Überschuss abrechnen kann. Manchmal aber irren wir uns und es kommt deshalb auch schon mal zu einem finanziellen Fiasko.

Positiv-Beispiele sind im Allgemeinen die Open Airs Groß Lindow, solange es nicht dauerregnet und die Blues-Rock-Feste in Seelow.

Und wenn dann noch eine Band dabei ist, die die Leute mehrheitlich kennen, dann ganz besonders. (Doors-Coverband, Tito & Tarantula, Monokel)
Ausverkaufte Clubkonzerte in Reitwein: Canned Heat, Jefferson Starship, UFO

Negativbeispiele sind einige Clubkonzerte in Reitwein:

#88   Demian Band (ARG) #91 Neal Black & The Healers (USA) #95   Lizard (D) #106 Patricia Vonne (USA) #117 Christiane Ufholz (D) (und ein paar andere)

Zusammenhänge mit Eintrittspreisen lassen sich bisher nicht feststellen, auch deshalb, weil wir immer sehr knapp kalkulieren. Das eine oder andere Mal hätte das Ticket wegen der Qualität sogar durchaus ein bisschen teurer gewesen sein können."

Aus persönlicher Erfahrung kann ich anfügen, dass solche Konzerte, die vielleicht für den Veranstalter ein finanzieller Misserfolg sind, für die Konzertbesucher trotzdem ein tolles Erlebnis sein können. Ich denke z.B. an das Konzert von Christiane Ufholz. Diese Sängerin, die übrigens von Renft entdeckt wurde, als sie 15 war und später eine der bekanntesten DDR Jazzsängerinnen wurde, war jedenfalls für mich und andere Konzertgänger an jenem Abend ein großer Gewinn und die Stimmung im Saal war sehr gut. Auch für die Sängerin dürfte es ein erfolgreiches Konzert gewesen sein. Schade, dass diese großartige Sängerin dann 2023 gestorben ist.

Wie war der Kontakt zu den Bands und welche Episoden blieben vor allem in Erinnerung?

"Der Kontakt ist im Allgemeinen sehr gut. Die meisten Bands sind froh darüber, bei uns spielen zu dürfen. In Reitwein kam es hin und wieder mal vor, dass die Bands beim Eintreffen ein bisschen skeptisch waren, wegen der Einöde und wegen der äußeren Erscheinung der Gaststätte. Selten waren sie anfangs euphorisch, wie z.B. der Schweizer Reto Burrell, der als er aus dem Fahrzeug stieg, meinte: „Herrlich, man kann so schön weit gucken…". Sobald aber dann der Saal bereit war zum Einlass mit Licht und dieser ausstrahlenden Gemütlichkeit und auch das Catering stand, waren alle Bands begeistert, auch weil der Soundcheck mit unserer Technikcrew meist reibungslos abläuft.

Wenn es Probleme gibt, dann meist mit altgedienten ostdeutschen Bands, die manchmal unpünktlich kommen und nach dem Eintreffen erstmal den Aufenthaltsraum aufsuchen und Kaffee trinken und damit den ganzen Ablaufplan durcheinanderbringen, vor allem den Einlassbeginn verzögern. Am besten arbeitet es sich mit jungen US-Bands, die durchweg pünktlich sind und als erstes sofort mit dem Aufbau der Backline beginnen.

Böse oder kuriose Ereignisse:

Janis Joplins alte Band "Big Brother & The Holding Company". Die Band war pünktlich aus Prag da, nur Sam Andrews fehlte. Die Band hatte den Soundcheck ohne ihn gemacht und sich immer gewundert, dass wir besorgt waren. Fünf Minuten vor ihrem Konzertbeginn kam sein PKW auf den Hof gefahren und Sam fiel aus der Beifahrertür. Stoned oder fertig vom tschechischen Bier, wir wissen es bis heute nicht. Punkt 21 Uhr stand er aber auf der Bühne und begann sofort mit DOWN ON ME, ausgerechnet einer Nummer, die ohne Intro sofort losging. Alles perfekt getroffen.

Andre Greiner-Pol von Freygang langweilte sich während des Soundchecks so sehr, dass er auf dem Hof in Reitwein Flitzbogenpfeile senkrecht in die Luft schoss und sich freute, wenn sie kurz neben den Leuten, die auf dem Hof zu tun hatten, runterfielen.

Ric Lee (dr) und Chick Churchill (keyb) von Ten Years After wollten den Soundcheck und ihr Konzert canceln, nur weil das Soundboard unserer PA ein Meter zu weit hinten stand.

Beim Inga Rumpf Konzert damals im heruntergekommenen Dorfsaal in Rathstock regnete es durch die Decke mitten auf die Bühne und wir mussten während des ganzen Konzerts einen Eimer auf die Bühne stellen.

Die US-Jamband FOX STREET kam trotz Absprache ohne Backline angereist, weil das beauftragte Transportunternehmen bei Ankunft den Kneiper nicht antraf und deshalb nicht ausgeladen hatte. Unsere Technikfirma konnte glücklicherweise kurzfristig 2 Stunden vor Konzertbeginn eigenes Equipment besorgen, was dann 22 Uhr eintraf.

Die Vorband, ein Akustik-Duo, war gerade fertig mit ihrem Gig. Das war das einzige Mal, dass zum Besuchereinlass auf der Bühne kein Equipment aufgebaut war.

Impressionen von Open Air's in Groß Lindow

Astrid und Gaby in Groß Lindow

Was noch zu erwähnen war

Damit hat Wolle schon das Meiste festgehalten, was über die Entstehung und den Werdegang des Vereins „Live in Reitwein" zu sagen war. Am Rande des Festivals „Blue Wave" im Sommer 2024 in Binz haben wir dann noch Fehlendes ergänzt und Anderes vertieft. Mich interessierte auch, ob es im Verein so eine Art „Klubkultur" gibt mit Treffen außerhalb der Veranstaltungen und gemeinsamen Unternehmungen ähnlich wie im Verein „Live in Lu". Da musste ich erfahren, dass es nicht so ist. Da der Verein nur aus wenigen Mitgliedern besteht, beschränken sich die Treffen auf die organisatorische Arbeit und vor allem auf die Veranstaltungen und deren Vorbereitung. Und natürlich hat jedes der Mitglieder seine speziellen Aufgaben, aber die Hauptlast liegt bei Wolle und Rossi. Wolle übernimmt also hauptsächlich das Booking, natürlich in Abstimmung mit

Rossi. Er übernimmt auch die administrativen Aufgaben, schreibt Anträge und hat den Kontakt zu den Ämtern, wenn erforderlich. Bei den umfangreichen Vorbereitungsaufgaben erhält Wolle tatkräftige Unterstützung durch seine Frau. Dorit ist auch eine wertvolle Hilfe beim alljährlichen Open Air, bei dem sie bereit steht für zahlreiche organisatorische Aufgaben. (z.B., wenn Musiker irgendwo abgeholt werden müssen, wenn irgendetwas fehlt, besorgt sie es und vieles mehr).

Rossi und Wolle übernehmen die Plakatwerbung für ihre Veranstaltungen, denn nur mit ausreichend Besuchern kann der Verein auch überleben. Deshalb werden zu den Veranstaltungen im weiten Umkreis Plakate gehängt und das bringt eine Menge Arbeit mit sich, die sich die beiden Hauptakteure teilen. Wolle erzählte, dass er, als er noch Mathematiklehrer war, sogar die Hilfe seiner Schüler in Freistunden in Anspruch nehmen konnte, um die Pappen mit den aktuellen Plakatwerbungen zu bekleben – eine eintönige und mühevolle Arbeit zumal die alten Plakate vorher abgelöst werden mussten. Und dann ist das Aufhängen auch nicht ohne! In der Anfangszeit gab es da auch Querelen mit den Ämtern, die dafür natürlich ordentlich Geld kassieren wollten. Auch aus diesem Grunde war dann die Vereinsgründung mit dem Status der Gemeinnützigkeit erforderlich. Aber trotzdem war für jede Veranstaltung eine Beantragung an drei verschiedenen Stellen notwendig, damit die unentgeltliche Plakatierung erfolgen durfte. Und das alles in der heutigen Zeit mit der abnehmenden Bedeutung solch „archaischer" Methoden der Werbung

(Wolle berichtet sogar, dass er mit Hilfe seiner Schüler vor längerer Zeit eine große Mengen von Briefen an potenzielle Konzertteilnehmer versandt hat) und der zunehmenden Bedeutung anderer Medien, vor allem dem Internet mit Facebook und Co.

Abgesehen von der Plakatierung, die eine Säule der Werbung für die Konzerte darstellt, kommt den verschiedenen Zeitungen im Umfeld eine große Bedeutung als Werbeträger für die Konzerte zu. Abgesehen davon, dass die Zeitungen von sich aus bestrebt sein sollten, über Kulturveranstaltungen im Umfeld zu berichten, muss man feststellen, dass das kein Selbstläufer ist. Deshalb ist es hilfreich, wenn man Redakteure bei den Zeitungen kennt, die dann rechtzeitig die Werbetrommel rühren. Wolle schreibt also regelmäßig E-Mails an die „Märkische Oder Zeitung" mit den Infos zu den Konzerten und der Bitte um Veröffentlichung im überregionalen Teil der MOZ, die dann jeweils in der Ausgabe vom Donnerstag erscheinen. Eine andere Möglichkeit in dieser Zeitung sind die Regionalteile, die dann am Freitag oder Samstag, also kurz vor den Konzerten erscheinen, allerdings mit begrenzter Reichweite. Ein Vorteil hierbei ist, dass Rossi und Wolle jeweils Verbindungen zu Redakteuren der Regionalbeilagen haben, so dass es meist mit Veröffentlichungen klappt. Ebenfalls schreibt Wolle zusätzlich noch die kostenlosen Zeitungen an. Wenn man allerdings nicht von den Redaktionen der Zeitungen allein abhängig sein will, kommt dem Internet eine große Bedeutung zu. Wer sich hier informieren will, kann dies rund um die Uhr auf der

Seite „Live in Reitwein.de" mit wenig Aufwand tun. Dort gibt es alle relevanten Infos zu den Konzerten und den Musikern. In der Nachbereitung gibt es immer tolle Fotos von den Veranstaltungen. Dafür verantwortlich sind die beiden Fotografen Michael und Andreas, die ihre Fotos dem Verein unentgeltlich zur Verfügung stellen. Sehr informativ ist auch die Zusammenstellung aller bisherigen Konzerte mit Bildern der Originalplakate von Anfang an. Dort kann sich jeder, der damals dabei war, versuchen zu erinnern an weit zurückliegende Gigs. Der Internetauftritt ist in meinen Augen sehr gelungen! Dazu noch viele Fotos zur Erinnerung! Außerdem gibt es noch bei Facebook eine Seite, die von Tina betreut wird, die auch bei den Konzerten als Mädchen für alles fleißig mithilft. Der Vorteil von Facebook für Konzertbesucher ist natürlich, dass man Kommentare posten kann und somit auch eine Interaktion mit dem Verein stattfinden kann, die sonst nur am Rande der Konzerte möglich ist. Ich denke, dass manchmal vielleicht die Schwelle zu hoch ist für Gespräche mit den Machern, es sei denn, man kennt sich ohnehin, wie das zwar oft der Fall sein dürfte, aber vielmals eben auch nicht.

Abschließend kann noch gesagt werden, dass es eine großartige Leistung der Beteiligten war und ist, den Verein über so lange Zeit am Leben gehalten zu haben. Man kann nur erahnen, wie viel Zeit in dieses Unternehmen investiert wurde. Man muss sich noch dazu vor Augen halten, dass alles ehrenamtlich geschieht ohne einen finanziellen Gewinn. Der Gewinn lag einzig und allein in der Freude, als wieder ein Konzertabend gelungen war und das Publikum mit zufriedenen Gesichtern die Arena verlassen hat. Wie viele Absprachen waren im Vorfeld nötig, wie viele bürokratische Hürden waren zu überwinden und wie oft wurde gebangt, ob wohl alles wieder klappen würde. Der Verein hat der Oder – Region einen großen Gewinn gebracht und eine unwahrscheinliche Strahlkraft entwickelt. Viele meiner Freunde können beispielsweise etwas mit dem Vereinsnamen anfangen. Einige davon fahren immer wieder zu den Veranstaltungen, obwohl von hier aus erst einmal durchschnittlich 80 km zu überwinden sind.

Zuletzt kann man sich noch Gedanken über die Perspektive des Vereins machen. Bisher habe ich von Wolle und Rossi noch nichts Konkretes vom Aufhören vernommen, allerdings kann schon festgestellt werden, dass nicht nur die beiden Protagonisten älter werden, sondern auch das Publikum. Und hinsichtlich der Bands kann man den Alterungsprozess insbesondere bei den so genannten Ost Bands live erleben. Es ist schon erschreckend, wenn man auf der Seite von „Live in Reitwein" sich die Rubrik R.I.P. ansieht. Da bekommt man einen Vorgeschmack davon, was in nicht allzu ferner Zeit leider geschehen wird... Was aber doch wieder Anlass für mehr Optimismus bietet, sind die vielen jungen Bands, die von den U.S.A. oder auch anderen Ländern zu uns finden und die dem Blues immer wieder neue Seiten abgewinnen. Woran es unglücklicherweise bisher hapert, ist eine Verjüngung des Publikums, die nur sporadisch zu beobachten ist. Auch wünschenswert wäre es, dass junge Nachwuchsbands aus der Region sich mit frischen Ideen dem Thema Blues und Blues – Rock zuwenden. Und doch, der Blues wurde schon oft totgesagt, aber ich meine, er wird weiterleben. Also werden wir nicht zu pessimistisch sein und nach vorn schauen, indem wir uns erst einmal auf das 26.Open Air in Groß Lindow mit einer vielversprechenden Mischung von „Blues – Ladies" freuen!

Trotz allem kann man der Hoffnung Ausdruck verleihen, dass noch lange Zeit die Erkennungsmelodie für die Konzerte von „Live in Reitwein" *Don't You Want Somebody To Love* **von Jefferson Airplane erklingt und Rossi die Bühne betritt, um die Bands anzusagen!**

Blues am Rand

Wie wir auf das Festival aufmerksam wurden

Irgendwann auf meinen wochentäglichen Fahrten zu meiner Arbeitsstelle nach Zeesen tauchten am Wegesrand die Plakate mit der Ankündigung des Festivals „Blues am Rand" auf. Aber in den ersten Jahren, als ich schon darauf aufmerksam wurde, habe ich es nicht geschafft, dorthin zu fahren, obwohl es von mir aus nur ein Katzensprung mit dem Auto ist, denn die Fahrt nach Niederlehme dauerte von Rangsdorf nur etwa 20 Minuten. Jedenfalls währte es noch lange, bis ich dorthin aufbrach, weil immer etwas anderes im Terminkalender stand. Dann endlich 2015 fuhren Astrid und ich erstmals zu diesem Open Air. Von diesem Zeitpunkt an wurde dieses Festival eine feste Größe in unserem Terminkalender und ich verstehe bis heute nicht, warum wir die vorhergehenden elf Festivals versäumt hatten, denn es war dann „Liebe auf den ersten Blick", wenn man so sagen will. Die entspannte Atmosphäre am See, gewürzt mit toller Bluesmusik und prima kulinarischer Versorgung, war schon etwas ganz Besonderes. Das Festivalgelände liegt zwischen einem Sportplatz und der Dahme, genauer gesagt am Möllenzugsee als Teil der Dahme. Dort gibt es einen Festplatz mit einer großen Bühne, der bestens für das Open Air geeignet ist. Wenn sich das Gelände mit den Konzertbesuchern füllt, gibt es trotzdem viel Platz für die Gastronomie, zum Sitzen an Bierzelttischen und natürlich zum Genießen der Musik vor der

Hauptbühne oder der seitlich am Sportplatz befindlichen kleinen mobilen Bühne.

Auf dem Festival – direkt am See wird gegrillt

Anfahrt auch mit dem Boot möglich

Unsere Wandergruppe bei „Blues am Rand"

Die Protagonisten

Doch wer sind die Macher dieser alljährlichen tollen Konzertereignisse und wie kam es überhaupt dazu? Diese Frage stelle ich mir jetzt, nachdem es das Festival nicht mehr gibt und es scheinbar auch nicht mehr geben wird. Trotzdem erscheint es mir interessant, auf Spurensuche zu gehen.

Vor Kurzem hat ein Freund, der „Prince of Harp", den Kontakt zu „Homi" hergestellt und ich konnte also mit ihm über das langjährige Projekt und dessen Anfänge sprechen.
Andreas „Homi" Hohmann benannte also zunächst einmal die Akteure, die das Festival ins Leben riefen und am Laufen hielten. Das waren neben ihm noch Andreas

Klose oder auch „Mowgli“ und Thomas Wollermann genannt „Mond“. Alle Drei sind übrigens Jahrgang 1965.
Im Folgenden werde ich mit freundlicher Genehmigung der Drei die Spitznamen verwenden.
Mowgli und Homi kennen sich von Kindheit an, denn
sie wuchsen in der gleichen Straße in Niederlehme auf.
Mond hat die beiden dann erst 1993 kennengelernt. Kathrin, die Frau von Homi, die auch einen guten Anteil
am Gelingen des Projektes für sich verbuchen kann,
dürfen wir nicht vergessen. Sie war maßgeblich an der
Organisation beteiligt und war später die Vorsitzende
vom Förderverein der Feuerwehr, während Homi sich
vornehmlich um die Musik, also das Booking und die er-
forderliche Technik gekümmert hat. Nicht zu vergessen dürfte der Anteil vom Mond und ebenso von
Mowgli sein, die auch von Anfang an dabei waren und
die in die Organisation natürlich auch eingebunden waren und auch ihre Meinung zu den Bands mit eingebracht haben. Die Drei sind oft zu verschiedenen Festivals unterwegs gewesen und haben so ihre Inspirationen gewonnen. Dadurch, dass ich das Gespräch zunächst mit Homi geführt habe, kommen die anderen
Protagonisten vielleicht etwas zu kurz – das ist aber
keine böse Absicht.
Am Anfang will ich noch festhalten, dass alle Beteiligten
neben ihrem ehrenamtlichen Engagement den jeweiligen Berufen nachgehen. Homi ist z.B. gelernter Koch,
arbeitet aber in der Logistikbranche im Büro. Thomas
Wollermann ist selbständiger Fotograf und Mowgli ist

ebenfalls selbstständig und baut mit seiner Firma Stege und Uferbefestigungen.

Oben: Mowgli und Homi
Unten: Mond und Homi im Interview

Wie alles begann

Die Anfänge reichen weit zurück, als es die DDR noch gab. Da waren die drei Kumpels Homi, Mowgli und Mond mit anderen schon über die Dörfer gen Süden gezogen. Aber nach 1989 gab es hinsichtlich der Blueskonzerte neue Möglichkeiten, weil sich mehrere Open Airs mit regelmäßigen Konzerten entwickelten. Besonders im Süden, also in Sachsen und Thüringen, wo sich auch schon in früheren Zeiten eine Hochburg des Blues befand, konnte man z.B. nach Oettersdorf, nach Gößnitz oder nach Freiburg fahren, um seine Bluesbands zu hören. In Oettersdorf und Gößnitz ist man 2024 jeweils schon beim 32. Open Air angelangt. Mond erzählte beispielsweise, dass er von Anfang an bei den meisten Konzerten von *„Live in Reitwein"* dabei war und es waren eine ganze Menge. Also hatten die Drei schon viel zu tun, indem sie die Festivals besuchten und sich die Inspirationen für ihr späteres eigenes Engagement holten, das anfangs allerdings noch in den Sternen stand. Homi sagte dazu folgendes: *„Ja, da sind wir so rumgekreist und da haben wir eine Band entdeckt, da sind wir fast immer hin. Das war Feedback damals und die waren neu, das war nicht „Monokel", das war nicht „Engerling", das war eben halt mal was anderes, auch mit teilweise deutschen Texten und da sind wir ziemlich Fans von denen geworden".* Mowgli hatte sich zeitweilig bei dieser Band sogar als Roadie betätigt und hatte dadurch schon Kontakte geknüpft für sein späteres Engagement.

1998/99, erinnert sich Homi, gab es eine große Party, bei der es zu Unstimmigkeiten kam bezüglich der Musiker, die dort auftreten wollten. Daraus resultierte dann der Gedanke dass die Drei dann etwas Eigenes machen wollten, sprich selbst Konzerte zu organisieren. Homi dazu: *„Und dann haben wir ein Konzept gemacht und das hieß dann, wir laden uns die Bands ein und die anderen bezahlen sie uns. Das war unser Konzept und dann haben wir angefangen und wollten die erste Veranstaltung starten im Saal der Thälmann Gedenkstätte in Ziegenhals. Diese Location ist aber pleite gegangen, zum Glück, denn den Saal hätten wir nicht vollgekriegt"*. Daher mussten sie auf einen anderen Ort ausweichen und das war dann der Saal des Motorradvereins der „MC Mark Brothers". Mond hatte dorthin gute Kontakte, denn seine Schulfreunde waren in dem Verein und so lag es nahe es hier zu versuchen. Diesen Verein gibt es noch heute und er hat sei Domizil in Wernsdorf. Es gab ein kleines Clubhaus auf dem Gelände, das aus einer alten Scheune entstanden ist und dort sollten bequem 80 BesucherInnen hereingehen. Allerdings waren es zu Spitzenzeiten in diesem Saal dann bis zu 200 Personen und das lief alles sozusagen über Mund – Mund – Propaganda. Hier nochmal O-Ton Homi: *„Da war die Hölle los immer, das war schon richtig cool, das ging so 1999 los. Das erste Mal ging es natürlich in die Hosen, ist klar, beim zweiten Mal auch noch und dann pumpte das ordentlich. Genannt haben wir uns die „Preußen Blues-Brüder", so als Kompromiss von allem"*. Jedenfalls entwickelte sich die Sache nach und nach zu einer Erfolgsgeschichte. Homi selbst kam zugute, dass er aus der Zeit, in der er drei

Jahre in Thüringen als Koch gearbeitet hat, in der „Hochburg des Blues" bereits hineingeschnuppert hat bei der Organisation von Blueskonzerten.

Die Konzerte in der neuen Location in Wernsdorf fanden außerhalb der Sommermonate statt, also zwei bis dreimal im Jahr vom Herbst bis zum Frühjahr. Dann hatten sie mit ihrem einfachen Konzept in der Anfangsphase Erfolg und konnten nach ein paar Konzerten finanzielles Plus verbuchen. Irgendwann reifte die Idee, das erste Open Air zu veranstalten in Wernsdorf bei der dortigen Kiesgrube. Das haben sie „Wernstock" genannt in Anspielung auf „Woodstock". Der Irrtum war, dass sie mit einem erheblichen Ansturm von Leuten gerechnet hatten, nur kamen dann bestenfalls die 200 Leute, die auch bei den bisherigen In – Door Veranstaltungen da waren. Wie ich später von Mowgli erfahren habe, war aber für den geringen Besucherandrang auch das Wetter verantwortlich, denn bei beiden Open Airs war der Regengott nicht gnädig. Außerdem hatten sie nicht bedacht, dass 2002 die Fußball – WM stattfand und ausgerechnet am Datum des Festivals das Endspiel stattfand! Damit hatten sie dann erst einmal ihr Plus verpulvert. Noch einmal Homi zur damaligen Situation: *„Aber daraus hatten wir dann auch nichts gelernt, sondern haben gleich das zweite Open Air gemacht, und dann haben wir, das war 2002, als der Euro eingeführt wurde, jeder so 800 Euro zugezahlt. Puh!"*

Das Open Air wird aus der Taufe gehoben

Erst jetzt sind wir bei der eigentlichen Entstehung vom Open Air in Niederlehme angelangt. Homi hatte schon längere Zeit mit der Namensgebung „Blues am Rand" geliebäugelt. Der Name spielt einerseits auf die geografische Lage an (am Rand der Dame – am Rand von Berlin oder gar fast am Rand von Deutschland?) und andererseits auf die musikalischen Genres, die sie im Sinn hatten und die dann nicht immer der reine Blues sein sollten, sondern auch mal am Rand davon, wenn man so will. Jedenfalls stieß die Namensgebung bei den anderen Beteiligten zunächst nicht auf viel Gegenliebe, doch letztendlich setzte er sich durch.

Der Anfang auf dem Gelände am Sportplatz war etwas holprig. Zunächst hatte Mowgli Geld bei Gewerbetreibenden und Kumpels eingesammelt, zwei Bands eingeladen und dort ein Open Air veranstaltet mit etwa 60 bis 80 BesucherInnen. Die Bands spielten dabei ebenerdig, weil noch keine Bühne vorhanden war.

Beim nächsten Mal kamen sie überein, dass bei einer zu erwartenden Verdopplung der Besucherzahl eine Bühne zwingend notwendig wäre. Ansonsten stünde zu befürchten, dass die Leute unzufrieden wären, weil sie die Musiker nicht sehen könnten und das würde sich negativ aufs Ganze auswirken. Also kümmerten sie sich um den Bau einer Bühne. Zugute kam ihnen, dass es dort gerade einen neuen Gerüstbauer gab, den Mowgli auch

kannte als Handwerks Kollegen und der dann bereit
war, auf die Schnelle eine Bühne zu bauen. Das war 2003
und eine Genehmigung für den Bühnenbau brauchte es
da nicht geben. Sozusagen Wilder Osten, denn da hat
noch niemand lange nach Genehmigungen und Vor-
schriften gefragt und das kam den Protagonisten in der
Anfangsphase natürlich zugute. Sie konnten so ihre Erfahrungen sammeln mit der Organisation solcher Veranstaltungen, ohne durch Bürokratie und lästige Vor-
schriften entmutigt zu werden. Allerdings kamen sie
dann bald an eine Grenze, als die Besucherzahlen in die
Höhe gingen und man musste der Unternehmung dann
einen soliden Rahmen verpassen, wie wir im weiteren
Verlauf sehen werden.
Zunächst war Mowgli der Hauptakteur der ersten beiden Open Airs auf dem Gelände mit weiteren Helfern.
Im Übrigen hat Mowgli auch betont, dass er zwar Organisator ist, aber dass er auch immer auf die Hilfe aus dem
Freundeskreis angewiesen war. Sonst kann man solche
Veranstaltungen nicht auf die Beine stellen, wie er sagte.
Damit würdigt er den Beitrag der vielen helfenden
Hände, die an dieser Stelle leider nicht genannt werden
können.

Bei den ersten hauptsächlich von Mowgli bestrittenen
Open Airs lief zunächst nicht alles rund. Deshalb wurde
Homi von Mowglis Mitstreitern gefragt, (genau genom-
men von Dietmar Hartmann, der damals als Sponsor
auftrat), ob er dann die Regie übernehmen würde. Mit
Zustimmung seiner Frau hat er sich dazu bereit erklärt.

Allerdings waren zu diesem Zeitpunkt Mowgli und Mond noch mit im Boot.

Später musste erst einmal ein Träger gesucht werden „...*weil so ganz wild kann man das ja nicht machen. Denn das wird dann auch größer. Und mein Schwiegervater, der hatte gerade frisch den Feuerwehrverein gegründet. Da sind wir zu ihm gekommen und haben gefragt, 'Sag mal, kannst du uns hier pro forma unterstützen, indem der Verein die Trägerschaft für das Open Air übernimmt?' 'Kein Problem', hat er gesagt und dann hatten wir einen Träger gehabt und das lief dann auch erst einmal.*" Dreimal hat das Ganze dann funktioniert, aber sie sind dann gerade so klar gekommen, also „*das lief dann immer so knapp Kante*" wie Homi sagte. Auch Streitigkeiten gab es manchmal zwischen den Akteuren, aber „The Show must go on" und wie wir wissen, ging sie noch bis zum Jahr 2022 weiter. Aber zu diesem Zeitpunkt (2006), waren sie aber noch in der Anfangsphase von „Blues am Rand"

Wie Homi weiter erzählte „...*irgendwann ist dann mein Schwiegervater verstorben und meine Frau hat sich verpflichtet gefühlt und ist dann als Vorsitzende eingesprungen, denn der Feuerwehrchef wollte das auch so. Und so ist dann alles entstanden. Und dann bin ich auch in den Feuerwehrverein eingetreten und so konnten wir vom Feuerwehrverein aus alles organisieren. Das war ziemlich praktisch, da der Feuerwehrverein selber kein Interesse an der Musik hatte*"

Inzwischen war man bei 400 bis 450 verkauften Eintrittskarten angelangt. Gleichzeitig wurde auch die Qualität besser, da hochklassige Bands natürlich auch ihren

Preis haben und nur durch genügend Publikum auch zu finanzieren sind. Homi bezeichnet den Gig mit „Stan The Man" mit der „Bohemian Blues Band" (2012) als eine Art Durchbruch, nachdem die Besucherzahlen dann in Richtung Tausend angestiegen sind. (Diese Band hat übrigens Mowgli aus seinen Verbindungen in die Musikszene rekrutiert, wie er mir später erzählte) Auch muss man an dieser Stelle anmerken, dass sich etwa nach dem 10. Open Air, Mowgli und der Mond von der Organisation des Festivals zurückgezogen hatten und sie nunmehr diesen Veranstaltungen mehr oder weniger nur als Besucher beiwohnten. Die Folge war, dass Homi und seine Frau die Hauptverantwortlichen für das Festival waren und unter fleißiger Mithilfe der Mitglieder des Feuerwehrvereins das Open Air am Laufen hielten. Allerdings liefen parallel dazu die Aktivitäten des im Jahr 2011 gegründeten Vereins *„Blues am Rand e.V."* auf den noch im Folgenden eingegangen wird. Unter den Akteuren gab es einige Turbulenzen, auf die nicht näher eingegangen wird, denn wichtig war, das Festival erfolgreich weiterzuführen und das wurde zunächst erreicht. Mit dem Anstieg der Besucherzahlen war es also erforderlich, dass sie ein Sicherheitskonzept erstellen mussten und der Osten war dann doch nicht mehr ganz so wild. Homi sagt dazu: *„Dann wurde es schon ganz schön stressig, aber wir haben auch eingesehen, dass ein Sicherheitskonzept ja keine schlechte Sache ist, weil wenn man so was hat, dann ist man erstens abgesichert und zweitens guckt man dann doch ganz anders auf die Sache drauf."* Das Sicherheitskonzept wurde dann in etwa vier Wochen von ihnen selbst zusammengezimmert. Da ging es um den Lageplan und die Notausgänge. Man muss vorbereitet sein auf solche Katastrophen wie Panik, Brand o.ä. Auch wenn es unwahrscheinlich ist, können unvorhergesehene Ereignisse eintreten und dann muss man vorbereitet sein. Nur einmal angenommen, der wenig abwegige Fall trifft ein, jemand hat gesundheitliche Probleme während des Konzerts und der Rettungswagen kommt nicht auf das Gelände, das darf nicht sein! Oder es kommt relativ unerwartet zu einem heftigen Gewitter mit Sturmböen – auch in diesem Fall muss gewusst werden, wie zu handeln ist. Jedenfalls mussten in diesem Zuge Feuerlöscher angeschafft werden und die Standorte dafür festgelegt werden, Rettungswege mussten festgeschrieben werden. Außerdem mussten die Verantwortlichkeiten bestimmt werden. Zugute kam ihnen dabei das Potenzial des Feuerwehrvereins, auch weil ein Polizist dabei war. Aber zunächst konnten die Veranstaltungen von ihnen selbst abgesichert werden. Dies ging dann so lange, bis die Besucherzahlen über die Tausend anstiegen. Dann war es erforderlich, eine professionelle Security anzuheuern. Homi's Statement zur Security: *„Bis dahin, bis 1000 Leute ist das alles in Ordnung, aber wenn's drüber geht, dann, dann muss man auch eine professionelle Security haben. Da hatten wir auch eine sehr gute, über Empfehlung von Bekannten, also ‚ne coole, die immer im Hintergrund geblieben ist, aber trotzdem präsent war ohne viel Aufsehen aber trotzdem die Sicherheit im Blick hatte und nur wenn nötig einschritt"*

Ein weiteres Thema unseres Gesprächs war der organisatorische Aufwand, der zu leisten war, um das Open Air auf die Beine zu stellen. Zentral dabei war natürlich das Booking der Bands, die dann auftreten sollten. Da kann man sagen „nach dem Open Air ist vor dem Open Air". Also musste Homi sich frühzeitig Gedanken machen welche Bands dann das nächste Mal in Frage kommen, d.h. er musste spätestens im Dezember damit beginnen alles miteinander in Einklang zu bringen. Es ging aber nicht nur darum, dass die Bands schon frühzeitig anfingen ihren Jahresplan zu machen sondern auch darum, den Termin für das Festival mit der Feuerwehr abzustimmen. Auch die Feuerwehr muss möglichst schon im Januar die Genehmigungen für das Jahr beantragen, denn es gab immer noch weitere Veranstaltungen, die von der Feuerwehr abgesichert wurden wie das Osterfeuer oder das Knutfest. Dann war natürlich auch die Genehmigung für das Gelände, das der Stadt gehört dort einzuholen. Auch musste die Gewerbegenehmigung eingeholt werden, dass dort auf dem Gelände Imbiss und Getränke verkauft werden dürfen. Mit den Genehmigungen und sonstigem Schriftkram war seine Frau voll beschäftigt wie Homi sagte. Des Weiteren musste für das Catering gesorgt werden. Das alles wurde mit Hilfe des Vereins gestemmt, also eigenes Personal an den Imbissständen, Getränkewagen, am Einlass und bei den Toilettenwagen. Natürlich war vorher z.B. mit einem Getränkehändler eine Kooperation einzugehen (da fiel der Name *Redo Event und Catering* aus Wildau), so dass der die Wagen bereitstellte und die Getränke lieferte.

Auch die Imbissbuden mussten besorgt werden und aufgebaut werden. Im Vorfeld waren auch die Lebensmittel zu besorgen, die man als Imbiss anbieten wollte. Dazu gehörten z.B. die Bratwürste und Steaks und vieles mehr. Zugute kam ihnen das Sponsoring von der Firma „Wiesenhof" die Geflügel beisteuerte, dass zu einem leckeren Hähnchenragout von ihnen verarbeitet werden konnte. Auch die Toilettenwagen mussten rechtzeitig geordert werden. Also alles in allem mehr als genug zu bedenken und zu organisieren. Das Interesse des Feuerwehrvereins war auch, dass durch die Beteiligung am Festival etwas Geld in deren Kasse gespült wurde, wofür es dann möglich war, andere benötigte Dinge einzukaufen. An dieser Stelle muss man auf jeden Fall eine Lanze brechen für den Feuerwehrverein, der mit vielen fleißigen Helferlein für das Gelingen des OpenAir Sorge trug. Leider bleiben die HelferInnen an dieser Stelle namenlos.

Zur Organisation gehörte natürlich auch, dass man sich um Werbung kümmern musste. Es war für die Plakatwerbung zu sorgen, die aber im Laufe des Bestehens des Open Airs etwas an Bedeutung verloren hat. Weiterhin musste der Internetauftritt von „Blues am Rand" betreut und aktualisiert werden. Ebenso wichtig war auch die Werbung in den regionalen Zeitungen. Das ist kein Selbstläufer, denn die Zeitungen kamen nicht immer ihrem Informationsauftrag von allein nach. Da war der Anstoß im Vorfeld wichtig, dass das Open Air bevorsteht und welche Bands dort auftreten, also wurden alle

regionalen Zeitungen angeschrieben. Die Märkische Allgemeine hat eigentlich immer berichtet, sagt Homi. Auch die Internetplattform „Deutsche Mugge" lieferte regelmäßig Berichte über das Festival.-
Nach dem Festival mussten sie sich jedes Mal um die GEMA – Abrechnung kümmern. Gute Unterstützung bei der Werbung kam dabei vom Netzwerk, das sich im Laufe der Zeit gebildet hatte. Zu nennen wären da „King Bee Radio" ebenso wie „groove-Station.net". Beide Stationen senden jeweils im Internet und haben mit Rat und Tat bei der Werbung geholfen. Einzelne Konzerte wurden sogar live im Internet übertragen. Auch Entwürfe für Plakate und T- Shirts wurden für Lau von ihnen erstellt, so dass sie nur noch in Druck gegeben werden mussten. Jedenfalls war im Vorfeld der Konzerte an vieles zu denken, damit alles dann reibungslos ablief und auch damit genügend Zuschauer kamen, denn sie mussten schließlich die Bands bezahlen und die übrigen Unkosten bestreiten. Im besten Fall sollte noch ein Plus dabei herauskommen, mit dem dann das nächste Open Air beruhigter angegangen werden konnte.

**BesucherInnen des Festivals „Blues am Rand" in Nie-
derlehme**

207

Der Verein „Blues am Rand e.V."

Wichtig ist aber auch noch die Verlaufsgeschichte des Vereins „Blues am Rand", dem eigentlichen Namensgeber des Festivals, die parallel zu den Aktivitäten im Feuerwehrverein lief. Homi dazu: *„wir haben in Wernsdorf dann weiter gemacht, aber auch so mehr oder weniger ohne Grundlage. Es lief jetzt so halbwegs über den Motorradverein, obwohl das Open Air schon ganz gut lief. Und da habe ich gesagt, wenn wir da noch was machen wollen, dann müssen wir einen Verein gründen."* Und dann haben sie den Verein „Blues am Rand e.V." gegründet. Es waren sieben Mitglieder, also die Mindestzahl, die für eine Anmeldung erforderlich ist. Es wurde alles ausgearbeitet und eingereicht. Das ist dann auch auf Anhieb durchgegangen. Mowgli war in diesem Verein der Vorsitzende. Das Open Air lief also unter der Regie des Feuerwehrvereins und der neu ins Leben gerufene Verein sollte die Konzerte bei den Bikern in Wernsdorf organisieren. Das lief dann erst einmal mehr schlecht als recht. Es war schwer Musiker zu finden, die dort spielen wollten und auch die Leute blieben zunehmend aus, weil dort drinnen geraucht werden durfte. Vor nicht allzu langer Zeit war es genau andersrum. Die Idee war dann: *„Um den Verein finanziell wieder auf die Beine zu stellen, habe ich denen gesagt, könnte der Verein dann den Freitag machen."* Das heißt, das Open Air fand bisher nur Samstag statt und es wurde dann der Freitag hinzugenommen mit ein bis zwei Bands. O-Ton Homi: *„Das habe ich zweimal mit dem Verein*

*durchgezogen und bin dann aus meinem eigenen Verein ausge-
treten, denn das ging gar nicht, weil das war alles für die anderen Kindergeburtstag"* Hier prallten offensichtlich verschiedene Herangehensweisen der Beteiligten aufeinan-
der. Bei Homi stand im Vordergrund die Aufgaben der
Organisation zu bewältigen und das Festival möglichst
gewinnbringend abzuschließen, der Spaß trat in die
zweite Reihe. Für Mond und Mowgli schien der
Spaßfaktor mehr im Vordergrund zu stehen. Das hat
Mowgli mir später näher erklärt: Ich habe es so verstan-
den, dass bei ihm die Motivation darin lag, Konzerte zu
organisieren, an denen die BesucherInnen ebenso Spaß
haben sollten wie er selbst. Ein anderer Faktor für
Mowgli war der Freundeskreis, der involviert war und
die Freundschaft zu den Musikern, die ihm wichtig waren. Wie mir klar wurde, war er auch bereit, dabei einen
persönlichen Einsatz zu leisten, sei es in seinem Engagement oder finanzieller Art. Dabei hatte er aber sein Au-
genmerk darauf, sich nicht ausnutzen zu lassen. Dies
galt dann später auch für seine eigenen Veranstaltungen, auf die noch eingegangen wird. Nachdem Homi
ausgetreten war, gab es in der Folge noch ab 2013 ein
oder zwei Open Airs, bei denen die Verantwortung für
den Freitag beim Verein *„Blues am Rand"* lag. Auch gab es
in den folgenden Jahren ein paar weitere Konzerte bei
den Bikern in Wernsdorf. Etwa mit dem Ausbruch der
Pandemie kam die Arbeit dieses Vereins zum Erliegen
und er wurde kürzlich aufgelöst.

Oben: Homi macht die Ansage – *Prince of Harp Band*
Mitte: die Griller – die Technik
Unten *Chrissie Matthews – Bluesanovas*

**An der Nebenbühne beim Open Air herrscht auch
immer tolle Stimmung**

Hauptsache Blues

Jedoch im Mittelpunkt der Betrachtung sollte die Blues
– Musik stehen, denn es geht ihnen darum, immer wieder interessante Bands vorzustellen, die ihnen zunächst
selbst gefallen, in der Hoffnung, dass es auch dem Publikum so geht! Wir hatten bereits von den Anfängen des
Projektes berichtet und wie es dazu kam und in welchem Umkreis, bezogen auf die Musik, sich die Protagonisten bewegten. Homi bestätigte noch einmal, dass
zu DDR – Zeiten die einschlägigen Bands die größte
Rolle spielten. Zuerst waren da manche regionale Bands,
die heute bereits fast vergessen sind, aber dann kamen

auch die Bands wie „Engerling", „Monokel" und „Freygang" ins Spiel bevor sich der Horizont erweiterte und man ausschwärmte in benachbarte, damals noch Bezirke, heute Bundesländer wie Thüringen und Sachsen. Hinzu kam natürlich die Schärfung des Musikgeschmacks durch Radio, Fernsehen, Tonbandmitschnitte, Schallplatten und später CDs.

Homi erklärte, dass er nicht nur Blues hörte, sondern z.B. auch Frank Zappa und Captain Beefheart mochte. Beide Musiker haben zwar auch einen gehörigen Blues – Anteil in ihren Werken, aber darüber hinaus dürfte es wesentlich mehr Musik gegeben haben, die ihm gefiel und die sich nicht unter der Kategorie Blues einordnen lässt. Jedoch hat Homi eine klare Vorstellung davon, welcher Art die Musik sein sollte, die beim Open Air angeboten würde. Also auf jeden Fall sollte es Blues sein und dieser Blues sollte sich vom Blues, der z.B. in Reitwein oft erklingt, etwas unterscheiden.

Homi sagte dazu: *„Ich habe auch mal gesagt, wenn der Blues auf Marshall Verstärkern gespielt wird, dann hört es auf. Weil, das hat man in Reitwein und woanders so gemacht, wobei Reitwein andererseits auch ein Vorbild für uns war. Aber Reitwein hat die Schiene mit den härteren Sachen gefahren, und wir haben eigentlich mehr oder weniger die die feineren Sachen mit etwas akustischem Touch und auch nicht so hart halt ins Programm genommen"* Aber man kann feststellen, dass die Grenzen manchmal fließend sind und fest steht auch, dass die Auswahl der Bands vom Publikum sehr gut angenommen wurde. Dann wollte ich noch wissen wie das konkret mit dem Booking lief: *„Also generell haben wir eigentlich nur Bands genommen, die wir auch selber gesehen haben und mit denen wir auch schon mal gesprochen haben, schon alleine um uns das leicht zu machen und von vornherein zu wissen, wie die Leute ticken"* Also waren im Unterschied zu Reitwein die Agenturen außen vor. Das hatte natürlich gewisse Vorteile weil einerseits Homi und die anderen Akteure die Bands schon erlebt hatten und damit auch die Wirkung auf das Publikum und zum anderen eine direkte Verhandlung mit den Bands auch vorteilhaft war. Dabei konnten sie im Laufe der Zeit auf ein Netzwerk zurückgreifen, das ihnen den Kontakt zu den in Frage kommenden Bands erleichterte. Die Schattenseite war, dass internationale Bands meist nur über Agenturen zu buchen waren und doch gelang es ihnen auch manchmal solche Bands zu engagieren über ihre Kontakte oder indem sie die Bands an ihren Auftrittsorten persönlich ansprachen. .... *„Wir waren ja selber viel unterwegs. Maßgeblich beeinflusst wurden wir vom Blues-Festival in Dresden. Da haben wir viel gezogen. Dann bin ich auch nach Eutin gefahren zum Baltic Blues-Festival und habe dort Kontakte geknüpft"* Die Reihe könnte man noch fortsetzen mit dem „Blue Wave Festival" in Binz und dem „Mississippi Blues & Barbecue" in der Kulturbrauerei in Berlin und weiteren Orten an denen Homi und Co. zugegen waren. Dort lernten sie die maßgeblichen Organisatoren der Festivals kennen und erweiterten so ihre Kontakte und auch ihren Freundeskreis. Dazu gehörten zum Beispiel Micha Maass als langjähriger Organisator diverser Formate in Sachen Blues oder Helge Nickel dem Organisator des „Baltic Blues Festivals" ebenso wie die Macher des Dresdner Bluesfestes. Außerdem erlebten sie viele Bands hautnah und konnten sich ein Bild machen, ob sie ins eigene Festival hineinpassen und bestenfalls den gleich Kontakt zu den Bands suchen. Mowgli ergänzte später noch, dass bei ihm viel über eine freundschaftliche Schiene zu den Musikern lief.

Damit sind wir also bei den Bands angelangt, einem wesentlichen Bestandteil eines solchen Festivals. Ich habe also Homi gefragt, wie der Kontakt zu den Bands war und welche Episoden in dem Zusammenhang in Erinnerung blieben: *„Die waren echt immer zufrieden, das war ja so ein Family – Feeling , die liefen da immer so herum, zwischen den Leuten und alle konnten mit ihnen reden. Wir haben auch keine große „VIPerei"* (gemeint ist der VIP – Bereich), *die waren mitten drunter, und alle waren auch damit happy. Also, die fanden es ganz toll, bei uns zu spielen. Das war schon etwas Besonderes!"* Homi erinnert sich an ein paar Episoden im Zusammenhang mit gebuchten Bands. Z.B. einmal, als eine Band kurzfristig abgesagt hat, musste schnell Ersatz besorgt werden. Da kam der Zufall zu Hilfe, indem Homies Bruder über Satellit den polnischen Kultursender empfangen hat und dort wurde „Two Timer" eine Band aus Polen entdeckt. Die Kontaktaufnahme hat geklappt und die Band stand dann auf der Bühne in Niederlehme. Homi meinte später, er wäre der Erste gewesen, der diese Band nach Deutschland eingeladen hatte, aber es stellte sich heraus, dass sie zuvor bereits in der „Quetsche" einer eher kleinen Location in Weißwasser gespielt hatten. Homi meint dazu: *„Ansonsten ist es mir immer wichtig gewesen, die Szene zu beleben, was den Blues betrifft."* Wenn verhältnismäßig unbekannte Bands vorgestellt werden, die dann gut ankommen, ist es für die Bands gut und ebenso für das Publikum. In diesem Zusammenhang kann man auch Chris Kramer und seine Band „Beatbox" nennen. Chris Kramer, Mundharmonikaspieler, Gitarrist, Sänger und mehrfacher Preisträger in Sachen Blues belebte auch hier die Szene ebenso wie „Good Husband", die auch auf dem Festival auftraten. Auch so eine verhältnismäßig unbekannte Band in unserem Raum war „Stan The Man", die in Niederlehme sehr gut ankam. Der Sänger war ein polnischstämmiger Schotte, der aber in Prag lebte und gern dem Whisky zusprach aber vor allem war er ein hervorragender Blueser wie man noch bei YouTube nachhören kann und es ist schade dass er schon, nicht lange nach seinem Auftritt in Niederlehme, verstorben ist.

Stan the Man & Bohemian Blues Band

Insgesamt schätzt Homi die Auftritte fast aller Bands als gelungen ein, was sich auch am Zuspruch des Publikums festmachen lässt. Aber wenn dann mal bei ein … zwei Bands die Erwartungen des Veranstalters nicht im vollen Maß erfüllt werden, dann ist es auch keine Katastrophe. Homi noch mal zum Thema Enttäuschung: *„Gruff zum Beispiel, die gibt es auch schon nicht mehr; die waren ziemlich schräg gewesen, aber Blues. Die hatte ich schon vorher mal zum Geburtstag meiner Frau eingeladen und 2016 standen die bei uns auf der Bühne als letzte Band. Ich war total begeistert von denen, aber leider sah das das Publikum anders, bis auf wenige, die bis zum Schluss blieben. Das kann man immer nicht genau vorhersagen."* Es kann ja auch mal sein, dass man den eigenen Musikgeschmack aufs Publikum projiziert und dass man etwas daneben liegt beim Booking oder dass die Band einen schlechten Tag hat und dass es dann nicht so richtig funktioniert. Im Großen und Ganzen hat so etwas dem Erfolg des Open Air keinen Abbruch getan. –

Damit sind wir beim letzten Kapitel des Fördervereins der Feuerwehr und damit auch leider von „Blues am Rand" angelangt. Durch die unermüdliche ehrenamtliche Arbeit von Homi und seiner Frau sowie von Mowgli und Thomas („Mond") Wollermann sowie weiterer Mitglieder des Feuerwehrvereins, die bei der Veranstaltung involviert waren, hatte sich das Festival zu einer Erfolgsgeschichte entwickelt. Die Fans warteten jedes Jahr mit Spannung auf dessen Fortsetzung. Dass dann 2022 das letzte Open Air veranstaltet wurde an diesem schönen Ort ist für viele bitter.

Doch gehen wir noch einmal zurück in die Zeit, als alles noch im Fluss war. Das Festival war in ruhigeres Fahrwasser gelangt. Vieles war zur Routine geworden, die Abläufe waren bekannt. Die Stadtverwaltung hatte inzwischen auch erkannt, dass das Open Air ein nicht zu unterschätzender Wirtschaftsfaktor war und brachte ihnen auch Unterstützung entgegen. Während in der Anfangsphase noch das Gelände von ihnen selbst mit einem Rasenmäher vorbereitet werden musste, übernahm das nunmehr die Stadt. Es blieb aber trotzdem noch genug zu tun mit der Vorbereitung, wie wir bereits erfahren haben. Wenn das Ereignis dann erst einmal herangekommen war, hatten die Vereinsmitglieder auch alle Hände voll zu tun. Da musste der Einlass besetzt sein, die Biertische und Bänke mussten aufgestellt werden und vieles mehr musste bedacht sein, damit sich die BesucherInnen wohlfühlen konnten. Lassen wir Homi nochmal zu Wort kommen: *„Im Wesentlichen lief es gut. Wir hatten auch Fördermittel beantragt, aber konnten sie nicht abrufen, weil wir einfach zu viel Plus gemacht haben, denn das war immer voll. Wir haben zu Spitzenzeiten eine Menge Bier verkauft, da ist die Brauerei umgefallen, bildlich gesprochen. Das war schon irre"*. Und dann berichtete Homi noch davon, dass es einige aus dem Feuerwehrverein gab, die auch für das Festival gelebt haben, sich also voll eingebracht haben und er erinnert sich z.B. an zwei Damen, die Eine beim Bierverkauf mit einer *„Schnodderschnauze"* aber mit Herz, ebenso wie die Dame, die fürs

Klo zuständig war und die sich dafür eine Rabattaktion mit Tierkreis Stempeln ausgedacht hatte. Besonders interessant für die Herren, die durch Biergenuss oft mussten. Aber das nur am Rande!

Noch einmal Homi: *„Und es gab eine Zeit, als das Open Air über zwei Tage ging, da haben wir Frühstück angeboten. Weil wir unsere Kinder nicht so früh rausjagen wollten, hat der Anglerverein dann Frühstück gemacht und das war so herrlich gewesen, wenn die Rentner vom Verein und die Hippies sich dann getroffen haben, zum Frühstück, das war schön"* Inzwischen sind wir im zeitlichen Ablauf schon im Jahr 2019 angelangt und die Pandemie stand vor der Tür. Da gab es dann eine Zäsur von einem Jahr. Auch das hätte nicht sein müssen, denn kurz vor dem ursprünglich geplanten Datum für das Festival rief das Ordnungsamt an und fragte, ob das Open Air nun stattfindet. Es schien fast so, als ob man das gern gesehen hätte. Allerdings gab dann ein Gespräch mit dem Bürgermeister den Ausschlag und sie ließen es lieber bleiben, denn wenn nicht der volle Rückhalt von Seiten der Stadtverwaltung da war, wollten sie lieber nicht das volle Risiko eingehen. Daher fand erst wieder im August 2021 das 17. Open Air und damit das Vorletzte, nur noch am Samstag statt.

Abermals Homies Worte: *„Schwierig wurde es, als dann kontrolliert wurde, denn dann durfte nicht mehr vorn am Ort des Geschehens gezeltet werden, dann mussten wir einen Kilometer weiter weg einen Zeltplatz einrichten. Das wurde dann schon langsam alles auseinandergezerrt, das nagte auch ein bisschen an der Stimmung. Also, wir haben auch, glaube ich, zum richtigen Zeitpunkt aufgehört, weil wir hätten auf Dauer nicht* *mehr gewährleisten können, dass dieses Feeling bestehen bleibt und dann hätte es auch keinen Spaß mehr gemacht."* Auch das letzte Festival war dann nur am Samstag zu erleben. Nach dem 18. Open Air im August fiel dann die Klappe und wie Homi sagte wohl endgültig. Seine Frau hat dann die Leitung des Feuerwehrvereins abgegeben und beide sind aus dem Verein ausgetreten. Dem *„Förderverein der freiwilligen Feuerwehr e.V."* (wie der vollständige Name lautet) wurde freigestellt, ob sie das Open Air weiterführen wollen aber wegen des eher geringen Interesses an derartiger Musik wollte man lieber ein Dorffest machen. Für den Feuerwehrverein gab es tatsächlich einen positiven Nebeneffekt. Homies Frau hat als Vorsitzende des Vereins einen richtig guten Job gemacht und einen finanzstabilen Verein mit viel Equipment und ca. 80 Mitgliedern hinterlassen. Die Nachfolger haben also profitiert davon und manch anderer Verein könnte mit Neid darauf blicken. Im Übrigen können wir den Machern von „Blues am Rand" dankbar sein für ihre lange ehrenamtliche Arbeit, bei der ihr Lohn einzig und allein in ideellen Werten bestand, wie der Freude an gelungenen Konzerten und der Begegnung mit Freunden unter dem Zeichen des Blues.

Als letztes noch ein paar Worte zur Perspektive des Festivals von Homi: *__„Vor dem Hintergrund, alle werden auch älter, wir als Organisatoren und die Fans, die da hinkommen und irgendwann ist vielleicht auch die Luft raus. Deshalb ist es vielleicht gut gewesen, jetzt den Schlussstrich zu ziehen und zu wissen, es hat bis zum Schluss Spaß gemacht!"__*

Und doch gibt es noch eine Hoffnung, dass es an anderer Stelle mit Homi und dem Blues weitergeht: *„Ich war jetzt im Gespräch mit einem Mann aus Zernsdorf, der früher bei den Lost Riders war. Wir hätten beinahe jetzt im Herbst was gemacht, aber da hat mir noch die zündende Idee gefehlt"* war dann die letzte Aussage von Homi beim Interview und das stimmt hoffnungsvoll!

. Big Joe Stolle beim letzten Open Air in Niederlehme 2022

Als Gast Jenny an der Mundharmonika

Zu guter Letzt folgt noch ein Konzertbericht von **Gila Gräbnitz**, der auf der Internetplattform „Deutsche Mugge" erschien und dem ich vollinhaltlich zustimmen kann, denn es handelt sich dabei um das Open Air von 2018 bei dem ich auch zugegen war.

Während die Abendsonne das Wasser glitzern und funkeln ließ, versammelten sich immer mehr Menschen auf der Festwiese, welche direkt am Ufer der Dahme liegt. Denn es war Zeit für das 16. Blues Open Air in Niederlehme, welches sich auch „Blues am Rand" nennt. Auch wir machten uns am Nachmittag nach getaner Arbeit auf den Weg, um uns das Festival anzuschauen. Nach drei Stunden Fahrt erreichten wir das Ziel endlich und wurden von einem gemütlichen Ambiente begrüßt. Die entspannte Atmosphäre lud zum Verweilen ein. Da wir noch etwas Zeit hatten, suchten wir uns was zum Essen. Das Angebot war super. Von der klassischen Bratwurst über Hähnchengyros und Pommes mit Nuggets bis zu gesunden Wraps war alles dabei, was das Herz begehrte. Wohlgemerkt zu moderaten Preisen. Auch an den Getränkeständen blieb kaum ein Wunsch offen. Nun suchten wir uns eines der begehrten Sitzplätzchen mit Sicht auf die Hauptbühne. Doch schnell merkte ich, dass das mit dem Fotografieren von dort aus nicht so einfach sein würde. Denn der Platz vor der Bühne füllte sich rasant. Also ging es für uns in die erste Reihe. Schwupps war es 18.00 Uhr und der Veranstalter eröffnete den zweiten Festivalabend. Den Anfang machte gleich darauf die ZENIT Blues Band um Eberhard Stolle (auch bekannt als Big Joe Stolle). Wer sich jetzt wundert, dass sich ZENIT doch eigentlich 1990 direkt nach der Wende auflöste, liegt zwar richtig damit, aber 2017 wurde das Projekt neu gestartet. Big Joe setzte sich mit alten Bandmitgliedern und weiteren Musikern zusammen. So kam es dazu, dass bereits 2018 das erste Album „Noch besser" erschien. Seitdem touren Big Joe Stolle (Gesang, Gitarre, Mundharmonika), Mauro Pandolfino (Gitarre), Andreas Schrödter

(Bass) und Frank „Franz" Fischer (Schlagzeug) wieder gemeinsam durch Deutschland. Ich freute mich sehr über den Neustart der Combo. Und scheinbar nicht nur ich, denn der Platz vor der Bühne wurde immer voller. Sowohl mit altbekannten Songs der Blues Band als auch mit vielen Titeln des neuen Albums, begeisterten die vier Musiker das Publikum. Dies war schließlich so begeistert vom Vortrag, dass die Band den gesamten Auftritt über bereitwillig mit Getränken versorgt wurde. Überraschend gesellte sich nach einiger Zeit eine junge Dame namens Jenny auf die Bühne, welche Big Joe als Nachwuchskünstlerin vorstellte. Anfangs etwas schüchtern, begeisterte auch sie das Publikum mit ihrem Mundharmonika-Spiel. Als sie völlig spontan ein zweites Mal auf die Bühne gebeten wurde, spielte sie ein Duett mit Stolle, welches erstklassig gewesen ist, und das spontan! Titel für Titel spielten sich die Bluesmusiker durch ihr buntes Programm und damit in die Herzen der Zuschauer. Kurz vor Ende ihres Auftritts sorgte Schlagzeuger Frank noch für eine kleine Showeinlage. Nun hieß es nicht mehr „Frank am Schlagzeug", sondern „Frank an der Treppe", die zur Bühne hinaufführte. Denn kurzerhand spielte er mit seinen Drumsticks auf der Treppe. Klasse Einfall! Nach der vom Publikum lautstark eingeforderten Zugabe verabschiedete sich ZENIT unter großem Applaus von der Bühne. Im Nachhinein konnte man sich noch ein kleines Andenken an den Auftritt am ZE-NIT-Merchstand beim lieben Klaus zulegen. Unterdessen wandte sich die Zuschauertraube zur zweiten Bühne. Auch wir machten uns auf den Weg, um Chris Kramer and Beatbox'n'Blues zu lauschen. Chris Kramer und seine Kollegen Sean Athens (Gitarre) und Kevin O'Neal (Beatbox) hauchen dem Blues modernes Leben ein. Ich muss zugeben, dass auch ich anfangs sehr skeptisch war. Doch das Trio harmoniert super. Mit vielen Soli der Musiker und ihrem 1a abgestimmten Zusammenspiel begeisterten auch sie das Publikum sehr. Meiner Meinung nach geben sie dem Blues durch die ungewöhnlichen Beatbox-Elemente einen modernen Touch und sprechen dadurch eine noch breitere Zielgruppe an. Egal ob jung oder alt, alle machten mit. Zu erwähnen sei an dieser Stelle auch, dass mit dem Trio und vor allem mit Frontmann Chris Kramer echte Größen der Szene vor uns standen. So gelangte er 2017 beispielsweise mit seiner Band bis ins Halbfinale der Internationalen Blues Challenge in Memphis. Der Ruhrpottler steht einfach nie still und erfindet sich immer wieder neu. Neu für mich war auch das Beatboxen an sich. Doch der Beatboxer schien ebenfalls eine echte Größe in seinem Fach zu sein. Alles in allem spielten sie eine bunte Mischung an Songs, die uns noch lange positiv in Erinnerung bleiben wird. Und ich denke mal wieder nicht nur uns, denn auch die Zuschauer tobten vor Begeisterung.

Nach diesem tollen Auftritt schlenderten wir zum Wasser und genossen einige Augenblicke den Sonnenuntergang, der das gesamte Festivalgelände in einem satten Goldton erstrahlen ließ. Dann war es für uns LEIDER auch schon an der Zeit, die Heimreise anzutreten, da der Job rief. Gerne wären wir noch geblieben. Abschließend möchte ich sagen, dass das „Blues am Rand"-Festival eine sehr familiäre und gemütliche Atmosphäre mit sich bringt und gleichzeitig mit wahren Größen der Bluesszene aufwartet, die man gesehen haben muss. Wir kommen nächstes Jahr gerne wieder (**2018 war das noch möglich**) und bedanken uns für die herzliche Gastfreundschaft.

Sonnenuntergang beim Festival

Zelten am Rande des Festivals
Alles geht zur Ruh' - schade

Die Bluespartys von Mowgli

Andreas Klose, auch bekannt als „Mowgli" hat zusätzlich zu seinen Aktivitäten bei „Blues am Rand" einige eigene Partys oder Konzerte mit verschiedenen Bands veranstaltet. Micha P., ein Freund, schwärmte schon lange von den Konzerten, die Mowgli des Öfteren in Niederlehme in seiner Garage oder im Anglerheim veranstaltete. Und so kamen wir auch zu ihnen, ich nenne sie mal Partys, denn sie wurden im fast privaten Rahmen veranstaltet. Ich hatte den Eindruck, dass sich alle TeilnehmerInnen gegenseitig schon lange Zeit kennen und der Eindruck trog nicht, wie ich dann später erfuhr. Also fühlten wir uns an unsere eigenen Bluespartys in Glasow und Umgebung erinnert   .

Wir waren schon so einige Male bei den Konzerten von Mowgli, sei es im Anglerheim oder im Sportlerheim und in Mowglis Garage. Zunächst hat uns Micha dazu die Infos weitergeleitet, aber inzwischen sind wir auch auf dem Verteiler von Mowglis Frau Johanna, die sich um die Einladungen kümmert. Die ersten Konzerte, die wir besuchten, fanden im Anglerheim statt. Diese Vereinsgaststätte befindet sich auch auf dem Festplatz, wo auch das Open Air stattfindet, doch eben wirklich am Rand bzw. Ufer. Es handelt sich um einen funktionalen Flachbau mit einer Bar hinter dem Eingangsbereich und einem Fassungsvermögen für ca. 60 KonzertbesucherInnen. Es war meist gut gefüllt bei den Konzerten, die wir besucht haben und fast alle kennen einander und wir lernten den Einen oder die Andere kennen. Die Stimmung war sehr familiär und die Konzerte gefielen uns ausnahmslos. Das Schwergewicht lag auch bei diesen Konzerten auf dem Thema Blues, aber nicht ausschließlich. So erlebten wir dort Blueskonzerte mit „Wolles Blues Friends", „Black Patti", Abi Wallenstein & Kat Baloun, Jan Hirte, Peter Schmidt und Vanesa Harbek. Andere Konzerte waren z.B. „Aphodyl", die sich an Krautrock und psychedelischen Klängen orientieren, aber eigene Kompositionen spielen. Weiterhin waren Gruppen wie „Blank Zappath" „Zappnoise" und „Goat Generator" zu erleben. Hier stand Frank Zappa unter anderem Pate und die Klänge waren nichts für ungeübte Ohren. Wie erwähnt fanden die meisten der von uns besuchten Konzerte im Anglerheim statt, doch auch ein paar hundert Meter weiter über die Hauptstraße von Niederlehme am Sportplatz ließ sich gut feiern beim Blues. Auch hatte Mowgli auf seinem weitläufigen Grundstück eine ausgebaute Garage und auch dort veranstaltete er Partys im privaten Rahmen. Die Garage verfügte über eine kleine Bar und Mowgli war meist der Barkeeper. Die Musiker wurden finanziert, indem ein Hut herumging und jeder einen Beitrag leistete. Ich möchte nicht wissen, wie viel Geld Mowgli im Laufe der Zeit schon zugesetzt hat, denn öfter wird das Geld aus dem Hut nicht für die Unkosten gereicht haben. In den anderen beiden Spielstätten, Anglerheim und Sportgaststätte, lief es etwas anders. Dort wurde Eintritt kassiert und auch die Getränke und evtl. die Bratwurst musste man bezahlen. Umsonst gab es manchmal Kuchen, den irgendwer mitgebracht hatte. Aber auch dort lag das Risiko bei Mowgli, denn er musste schließlich die Band bezahlen, auch wenn vielleicht ein Freundschaftspreis aufgerufen wurde. Wie ich feststellen konnte, kennt Mowgli auch Hinz und Kunz in der Musikwelt, insbesondere auf dem Gebiet des Blues bis hin zu Jazz und Frank Zappa. Von Zappa ist er sogar sehr begeistert und hat daher auch Bands angeheuert, die in seinen Fußstapfen unterwegs sind. Aber Mowgli hat auch gesagt, dass er zwar der Initiator von Allem ist, doch ohne die Mithilfe seiner Freunde würde er die Partys oder Veranstaltungen nicht auf die Beine stellen können. Freundschaft ist ihm wichtig und die pflegt er auch im Rahmen der musikalischen Aktivitäten und das gilt auch für die befreundeten Musiker, ohne die die Veranstaltungen nicht möglich wären. Neben der Musik ist Mowgli noch im Fußballverein und wird auch dort einige Freunde haben. Zudem ist er selbst sehr viel unterwegs in Sachen Bluesmusik und besucht verschiedene Festivals und Konzerte.

Letztlich waren die Partys immer ein schönes Erlebnis für uns. Man konnte die Musik dort hautnah erleben und die Stimmung war gut. Und wenn dann noch Jenny, die Tochter von Mowgli und der „Heiligen Johanna" wie sich Johanna bei WhatsApp nennt, zur Mundharmonika greift und sich zur Band gesellt und ihrem Instrument leidenschaftliche Klänge entlockt, hatte man jedenfalls ein unvergessliches Konzerterlebnis.

Abschließend kann ich sagen, dass es Mowgli hoch anzurechnen ist, dass er immer wieder, seit längerer Zeit, uneigennützig für diese tollen Veranstaltungen sorgt.

„Blues ist wie Lachen und Weinen, dicht an der Seele, beides kann man nicht imitieren, um echt zu sein, deshalb bleibt es für uns ein Abenteuer". The Crazy Hambones

Blank Zappath im Anglerheim in Niederlehme

Vanessa Harbek in der Sportgaststätte Niederlehme

**Kat Baloun mit Abi Wallenstein und mit Mowgli
Am Rande vom Konzert im Anglerheim**

Die Bluesnacht in Großbeeren

Einmal jährlich im Oktober heißt es wieder die Bluesnacht naht. Horst Stroinski ist derjenige, dem es zu verdanken ist, dass die Bluesnächte in jedem Jahr im Bürgersaal über der Feuerwehr stattfinden können. Die Location ist nicht gerade ideal, weil in dem Saal ein nüchternes Ambiente herrscht, wie in einem Tagungsraum. Scheinbar bekommt es die Gemeinde, im Speckgürtel von Berlin gelegen, seit Jahren nicht hin, ihren Bürgern etwas Besseres zu bieten. Interventionen vom Veranstalter der Konzerte beim Bürgermeister haben da auch nicht weitergeholfen. Also Horst und der Kulturverein, unter dessen Dach die Veranstaltung stattfindet, mussten das Beste aus der Situation machen. Zumindest der Bühnenbereich in dem großen Raum, der vielleicht an die 200 Besucher fasst, strahlt eine behagliche Atmosphäre aus. Und wenn dann das Deckenlicht gedimmt wird, können die KonzertbesucherInnen beginnen sich wohlzufühlen. Die Bestuhlung nimmt in zwei Blöcken fast den gesamten Raum ein. Nur vorn und hinten gibt es Platz für eventuelles Tanzen oder einfach nur zum Stehen an ein paar Biertischen. Der Altersdurchschnitt liegt wahrscheinlich um sechzig Jahre, was für Bluskonzerte in der heutigen Zeit nicht ungewöhnlich ist. In der Anfangszeit musste wahrscheinlich für diese Location erst ein interessiertes Publikum herangebildet werden. Aus dem Potential des Kulturvereins Großbeeren, wo es auch schon viele, für Blues aufgeschlossene

Leute gab, den umliegenden Dörfern und dem Berliner Raum ist inzwischen ein Publikum gewachsen, dass den Saal gut füllen kann und jedes Mal die Musiker begeistert in Empfang nimmt. Dass es die Gäste während der ganzen Veranstaltung überwiegend auf ihren Sitzplätzen hält, mag die Musiker schon manchmal stören, wie Peter Crow C., der dann „dagegen" musiziert und es ihm erst bei der Zugabe gelingt, alle zum Aufstehen zu bewegen. Jedoch dürfen wir nicht verwundert sein, wenn bei solchen Konzerten immer mehr Leute lieber sitzen wollen, weil das dem Altersdurchschnitt geschuldet ist, und der wird immer höher, weil Nachwuchspublikum nur in ungenügendem Maße dazukommt. Jedenfalls kann man beobachten, wenn dann das Publikum nach einem abwechslungsreichen Konzert gegen Mitternacht den Saal verlässt, liegt ein Lächeln auf ihren Lippen und sie werden im nächsten Jahr wiederkommen.

Aber wenden wir uns der Musik zu, die in diesem Saal seit 14 Jahren dargeboten wird. Zunächst einmal ein Blick auf die Besonderheit dieser Konzerte. Als Erstes betritt Horst die Bühne, der Organisator der Konzerte. Immer leitet er die Veranstaltung auf interessante Weise ein, indem er eine lustige Geschichte erzählt oder ein selbst kreiertes Gedicht vorträgt, um dann anschließend die Band vorzustellen. Für die Einleitung bekommt er jedenfalls schon mal Applaus. Im Laufe der Jahre hatten an dem Abend bereits eine ganze Menge Musiker ihren Auftritt. Eine feste Größe ist dabei Peter Crow C., der bei den ersten Konzerten in verschiedenen Besetzungen die Bluesnacht bestritten hat als *„Peter Crow C. &*

Friends". Der Musiker mit dem eigentlichen Namen Peter Krause wurde schon öfter mit dem gleichnamigen Schlagersänger Peter Krause verwechselt. Wie er erzählte, kam es einmal dazu, dass er für eine Veranstaltung gebucht wurde, bei der die Gäste den anderen Peter erwartet hatten. Da Schlager nun gar nicht seine Sache sind, musste er den Abend mit seiner Musik bestreiten und es ist ihm wohl gelungen, die Gäste auch für diese Musik zu begeistern. Wie ich selbst einige Male bei seinen Konzerten erleben durfte, war seine Musik sehr stimmungsvoll, von heiter und fröhlich bis melancholisch und traurig. Er hat sich den American Blues Roots verschrieben und bei seinen Konzerten gibt es auch einige eingängige und bekannte Songs, die er aber gekonnt interpretiert und die teilweise sogar zum Mitsingen animieren können. In späteren Konzerten trat Peter dann mit seinem Partner Ferdinand „Jelly Roll" Krämer auf. Das neue Duo nennt sich *„Black Patti"*. Ein Kommentar aus der „Neuen Zürcher Zeitung" trifft es sehr gut: *„Mit viel Fingerspitzengefühl und Einfühlungsvermögen setzen Black Patti den Urklang des schwarzen Amerikas in Szene. Da wimmern die Gitarren und die Mandoline, da heult die Mundharmonika, und der zweistimmige Gesang setzt ausdrucksstarke Akzente."* Eine andere Formation, die später ihren Auftritt hatte, waren die *„Crazy Hambones"*. Peter Crow C. war der Mitbegründer dieser Gruppe, verließ aber etwa 2011 zugunsten von *„Black Patti"* diese Band. Jetzt sind Henry Heggen (Gesang und Mundharmonika), Brian Barnett (Gitarre) und Micha Maass, (Drums)

Teil der Gruppe. Auch haben sie schon mit Abi Wallenstein zusammengearbeitet, der ebenfalls in Großbeeren zu erleben war. Last but not least will ich noch Torsten Zwingenberger, Kat Baloun, Blues Rudi und Tom Blacksmith erwähnen. Die Reihe der Musiker ließe sich noch fortsetzen. Ein großer Teil davon war uns auch schon bekannt, aber man lernt auch wieder neue gute Musiker kennen, wie z.B. Stefano Ronchi oder die „*Mike Green Band feat. Stef Rosen*". Allen gemeinsam sind die eher leiseren Töne des Folkblues mit akustischen Klängen.

Horst bei seiner Begrüßungsansprache

Was immer sehr schön war bei den Konzerten der Bluesnacht ist die gelungene Dramaturgie. Es findet immer eine Steigerung statt. Auch kennzeichnend ist die Vielzahl der Instrumente, die an den Abenden zum Einsatz kommen. Dadurch wird die Musik auch abwechslungsreich. Am Ende stehen meist alle Musiker des Abends auf der Bühne und geben nochmal ihr Bestes. Zugaben sind obligatorisch und der Beifall will kaum enden. Auch wird deutlich, dass die Musiker Spaß hatten. Alles in Allem sind es immer gelungene Veranstaltungen, bei denen man sich auf das nächste Jahr freuen kann!

Stimmungsvoll geht es zu bei der Bluesnacht

Epilog

Ich habe euch also auf die Reise mitgenommen in meine Vergangenheit und in meine Welt des Blues. Mir ist bewusst, dass nur ein Eindruck entstehen konnte. Die vielen Episoden, die sich rund um das Thema rankten, die vielen Gespräche, die geführt wurden und die Emotionen, die dabei eine Rolle gespielt haben, sind dem Vergessen anheimgefallen oder lassen sich nur erahnen. Und doch hoffe ich, dass deutlich geworden ist, was mich und die anderen Akteure, von denen in diesem Buch die Rede ist, dazu angetrieben hat, Live – Musik auf die Bühne zu bringen und es einem Publikum zu ermöglichen, gemeinsam dem Blues zu lauschen. Wichtig war für mich, dass es sich dabei um Initiativen handeln sollte, die uneigennützig ihre Ziele verfolgten. Das konnte innerhalb eines gemeinnützigen Vereins erfolgen oder auf privater Basis wie es bei Mowgli und mir der Fall war. Natürlich habe ich auch Hochachtung vor manchem Betreiber kleiner Clubs oder Gaststätten, die es ermöglichen, dass dort hin und wieder Konzerte stattfinden, obwohl nicht immer ein Gewinn garantiert ist.

Wie Peter Schmidt, der Gitarrist von seiner aktuellen Band *Dodge Boogie* nicht müde wird, auf Konzerten zu betonen, dass sein Dank den Gastwirten, Vereinen und privaten Veranstaltern gilt, die seine Konzerte ermöglichen. Den Dank nehme ich gern an und weiß, dass es das Publikum auch so sieht.

Danksagung

Mein Dank gilt Astrid, die mir Einblick in ihr Tagebuch während der Zeit der Diestelmannfeten gegeben und die mich nicht nur bei den meisten der Konzerte begleitet hat, die ich besucht habe, sondern mich auch bei meinem Projekt unterstützt hat und zuletzt Korrektur gelesen hat.

Auch danke ich meinem Sohn Leonard für die Covergestaltung und für die umfangreiche Hilfe bei der Veröffentlichung des Buches

Danken möchte ich Beate Kammer, Andreas Kammer, Andreas Krizek, Andreas „Mowgli" Klose, Thomas „Mond" Wollermann, Andreas „Homi" Hohmann, die mir Einblicke in ihre Vereine und Aktivitäten gegeben haben und mir dabei ihre Zeit geopfert haben.

Mein besonderer Dank gilt Wolfgang „Wolle" Conrad, der schriftlich über den Verein „Live in Reitwein" berichtet hat und mir auch in persönlichen Begegnungen ergänzende Informationen zuteilwerden ließ. Seinem Kompagnon Thomas „Rossi" Rosslau danke ich ebenfalls.

Inspiriert hat mich bei dem Projekt auch das Buch *„Du kannst nicht alles haben, was du willst"* von Rainer Zoufal, der über sein Leben schreibt und seine musikalische Vorliebe zu den „Rolling Stones". Dafür möchte ich ihm danken.

Und zuletzt möchte ich mich bei den vielen Freunden bedanken, die mir die Treue hielten und in der langen Zeit, die von mir organisierten Konzerte besuchten und darüber hinaus für viele gemeinsame Erlebnisse gesorgt haben

Blues *manie*